ENZYKLOPÄDIE
DEUTSCHER
GESCHICHTE
BAND 25

ENZYKLOPÄDIE
DEUTSCHER
GESCHICHTE
BAND 25

HERAUSGEGEBEN VON
LOTHAR GALL

IN VERBINDUNG MIT
PETER BLICKLE,
ELISABETH FEHRENBACH,
JOHANNES FRIED,
KLAUS HILDEBRAND,
KARL HEINRICH KAUFHOLD,
HORST MÖLLER,
OTTO GERHARD OEXLE,
KLAUS TENFELDE

VON DER STÄNDISCHEN ZUR BÜRGERLICHEN GESELLSCHAFT

VON

LOTHAR GALL

R. OLDENBOURG VERLAG
MÜNCHEN 1993

Die Deutsche Bibliothek – CIP-Einheitsaufnahme

Enzyklopädie deutscher Geschichte / hrsg. von Lothar Gall in
Verbindung mit Peter Blickle ... – München: Oldenbourg.

ISBN 3-486-53691-5
NE: Gall, Lothar [Hrsg.]

Bd. 25. Gall, Lothar: Von der ständischen zur bürgerlichen
Gesellschaft. – 1993

Gall, Lothar:
Von der ständischen zur bürgerlichen Gesellschaft / von Lothar
Gall. – München : Oldenbourg, 1993
(Enzyklopädie deutscher Geschichte; Bd. 25)
ISBN 3-486-55753-X kart.
ISBN 3-486-55754-8 Gewebe

© 1993 R. Oldenbourg Verlag, München

Umschlaggestaltung: Dieter Vollendorf, München

Gesamtherstellung: R. Oldenbourg Graphische Betriebe GmbH, München

ISBN 3-486-55754-8 geb.
ISBN 3-486-55753-X brosch.

Vorwort

Die „Enzyklopädie deutscher Geschichte" soll für die Benutzer
– Fachhistoriker, Studenten, Geschichtslehrer, Vertreter benachbarter Disziplinen und interessierte Laien – ein Arbeitsinstrument sein,
mit dessen Hilfe sie sich rasch und zuverlässig über den gegenwärtigen Stand unserer Kenntnisse und der Forschung in den verschiedenen Bereichen der deutschen Geschichte informieren können.

Geschichte wird dabei in einem umfassenden Sinne verstanden: Der Geschichte der Gesellschaft, der Wirtschaft, des Staates in
seinen inneren und äußeren Verhältnissen wird ebenso ein großes
Gewicht beigemessen wie der Geschichte der Religion und der Kirche, der Kultur, der Lebenswelten und der Mentalitäten.

Dieses umfassende Verständnis von Geschichte muß immer
wieder Prozesse und Tendenzen einbeziehen, die säkularer Natur
sind, nationale und einzelstaatliche Grenzen übergreifen. Ihm entspricht eine eher pragmatische Bestimmung des Begriffs „deutsche
Geschichte". Sie orientiert sich sehr bewußt an der jeweiligen zeitgenössischen Auffassung und Definition des Begriffs und sucht ihn
von daher zugleich von programmatischen Rückprojektionen zu
entlasten, die seine Verwendung in den letzten anderthalb Jahrhunderten immer wieder begleiteten. Was damit an Unschärfen und
Problemen, vor allem hinsichtlich des diachronen Vergleichs, verbunden ist, steht in keinem Verhältnis zu den Schwierigkeiten, die
sich bei dem Versuch einer zeitübergreifenden Festlegung ergäben,
die stets nur mehr oder weniger willkürlicher Art sein könnte. Das
heißt freilich nicht, daß der Begriff „deutsche Geschichte" unreflektiert gebraucht werden kann. Eine der Aufgaben der einzelnen
Bände ist es vielmehr, den Bereich der Darstellung auch geographisch jeweils genau zu bestimmen.

Das Gesamtwerk wird am Ende rund hundert Bände umfassen.
Sie folgen alle einem gleichen Gliederungsschema und sind mit
Blick auf die Konzeption der Reihe und die Bedürfnisse des Benutzers in ihrem Umfang jeweils streng begrenzt. Das zwingt vor allem
im darstellenden Teil, der den heutigen Stand unserer Kenntnisse
auf knappstem Raum zusammenfaßt – ihm schließen sich die Darlegung und Erörterung der Forschungssituation und eine entspre-

chend gegliederte Auswahlbibliographie an –, zu starker Konzentration und zur Beschränkung auf die zentralen Vorgänge und Entwicklungen. Besonderes Gewicht ist daneben, unter Betonung des
systematischen Zusammenhangs, auf die Abstimmung der einzelnen
Bände untereinander, in sachlicher Hinsicht, aber auch im Hinblick
auf die übergreifenden Fragestellungen, gelegt worden. Aus dem
Gesamtwerk lassen sich so auch immer einzelne, den jeweiligen Benutzer besonders interessierende Serien zusammenstellen. Ungeachtet dessen aber bildet jeder Band eine in sich abgeschlossene Einheit
– unter der persönlichen Verantwortung des Autors und in völliger
Eigenständigkeit gegenüber den benachbarten und verwandten
Bänden, auch was den Zeitpunkt des Erscheinens angeht.

Lothar Gall

Inhalt

Vorwort des Verfassers

Im Rahmen der „Enzyklopädie deutscher Geschichte" ist dies ein Epochen wie auch Themen übergreifender Band. Dem entsprechend wird in ihm manches aus der Perspektive des gesamtgesellschaftlichen Strukturwandels und der sich von daher ergebenden besonderen Fragen aufgegriffen und erörtert – oft sehr verkürzt und komprimiert –, was auch Gegenstand anderer Bände ist oder sein wird. Solche Überschneidungen waren unvermeidlich, sollte der Gegenstand nicht über Gebühr skelettiert und auf die Abstraktionen einer reinen Strukturanalyse reduziert werden.

Zugleich steht dieser Band in engstem Zusammenhang mit einem Forschungsprojekt zum Thema „Stadt und Bürgertum im 19. Jahrhundert", das mit Mitteln eines Leibniz-Preises der Deutschen Forschungsgemeinschaft seit 1988 in Frankfurt vorangetrieben wird. Eine der zentralen Fragen dieses Projektes ist naturgemäß die nach dem Übergang von der traditionalen, der ständischen, zur modernen, zur bürgerlichen Gesellschaft. Diese Frage ist im Rahmen des Projektes unter den verschiedensten Gesichtspunkten und in den unterschiedlichsten Zusammenhängen immer wieder erörtert worden. Dabei haben sich für einzelne Bereiche ausgesprochene Spezialisten herausgebildet, denen ich für vielfältige Hilfe und vielfältigen Rat besonders verpflichtet bin. Ich nenne hier insbesondere Dieter Hein, Susanne Kill, Gisela Mettele, Frank Möller, Dirk Reuter, Andreas Schulz und Ralf Zerback. Ihnen wie allen anderen Mitarbeitern des Projektteams habe ich ebenso sehr zu danken wie Thorsten Maentel und Ulrich Speck, die als studentische Hilfskräfte zahllose Titel beschafft, viele Zitate verifiziert und umfangreiche bibliographische Recherchen betrieben haben. Elisabeth Fehrenbach hat als Betreuerin des Bandes im Rahmen der Reihe das Manuskript einer eingehenden Kritik unterzogen und zahlreiche Hinweise gegeben, die mir außerordentlich hilfreich waren. Auch ihr gilt mein herzlicher Dank ebenso wie Adolph Dieckmann, der diesen Band wie alle bisher erschienenen Bände der Reihe mit großer Sorgfalt lektoriert hat.

Frankfurt am Main, im Dezember 1992   Lothar Gall

I. Enzyklopädischer Überblick

1. Die Gesellschaft des 18. Jahrhunderts: Formprinzipien und Gestalt

Ständische Gesellschaft – das bezeichnet einen Idealtypus im Sinne Max Webers, in Hervorhebung der übergreifenden, strukturbildenden Merkmale und unter Absehung nicht nur von Sonderformen und Sonderentwicklungen, sondern auch von den für die konkrete Lebenswelt meist charakteristischen Mischungen. Anders gewendet: Diesem Idealtypus entspricht nirgends eine vollständige Realität. Der Idealtypus „ständische Gesellschaft"

Das muß man gerade im Blick auf die mitteleuropäische Gesellschaft des 18. Jahrhunderts nachdrücklich betonen. Denn speziell diese Gesellschaft war, auch wenn man sie von ihren Grundlagen und Grundprinzipien her sicher noch als ständische Gesellschaft bezeichnen kann, im einzelnen in vielfacher Hinsicht mit teils atypischen, teils bereits auf die Zukunft verweisenden Elementen durchmischt und teilweise auch von ihnen geprägt. Das gilt für eine sich aus den alten ständisch-korporativen Ordnungen und Bindungen befreiende Schicht von „Bürgerlichen" (H.-U. WEHLER) in den Städten ebenso wie für erste agrarische „Unternehmer", für Teile der Beamtenschaft des sich entfaltenden „Anstaltsstaates" (M. WEBER) ebenso wie, am unteren Ende der sozialen Skala, für die nun deutlich in immer rascherem Tempo anwachsenden „unterständischen" Gruppen.

Insgesamt aber bleibt doch das ständische, das heißt in erster Linie das geburtsständische Prinzip noch weithin vorherrschend. Der Stand, der Beruf, die Korporationszugehörigkeit, die Rechtsstellung und auch der soziale Rang des Vaters bestimmen nicht nur die Ausgangslage, sondern bei der übergroßen Mehrheit auch den weiteren Lebensweg der einzelnen Mitglieder der nachfolgenden Generation. Nicht allein die soziale, auch die berufliche Mobilität auf der jeweiligen gesellschaftlichen Ebene blieb aufs Ganze gesehen eher gering. In weiten Bereichen herrschte der Grundsatz der Selbstrekrutierung aus der jeweiligen Söhnegeneration vor. In eine fremde Zunft, in ein anderes Berufsfeld und damit auch in ein ande- Das geburtsständische Prinzip res soziales Milieu zu wechseln, galt als schwierig, vielfach sogar als problematisch in doppeltem Wortsinn, von Wechseln ins Unzünftische und in neue Aufgabenfelder ganz zu schweigen – so oft es im einzelnen geschah und so unübersehbar die wachsende Dynamik war, die davon ausging. Als ganze blieb so die Gesellschaft weit statischer, als es der Blick auf die vielen dramatischen Aufstiege auch in jener Zeit und auf die sich vielerorts abzeichnenden zukunftsträchtigen Entwicklungen oft erscheinen läßt.

Der Begriff des Standes

Der Begriff des Standes als solcher ist freilich alles andere als eindeutig. Wie alle historischen Begriffe schleppt er seine eigene Geschichte mit sich und schillert zugleich zwischen den verschiedenen Bezugsfeldern. Im allgemeinsten, noch nicht weiter spezifizierten Wortverständnis bezeichnet Stand in bezug auf die politisch-soziale Welt eine abgrenzbare soziale Gruppe in einem bestimmten gesellschaftlichen Gesamtsystem, eben dem ständischen, und zwar unter immanenter Bezeichnung ihres Platzes in diesem System, sprich in der politisch-sozialen Hierarchie. Das verweist zugleich auf die geschichtliche Herkunft und Verankerung des Begriffes. Er entstammt einem in wesentlichen Elementen bereits in der Antike geprägten Ordnungsdenken, das metaphysische, erkenntnistheoretische und ethische Aspekte umgriff und vereinigte. Als Teil eines Ganzen und in Bezug auf dieses erschien Stand hier als gestalt- und identitätsbestimmender Faktor ebenjenes Ganzen, das als Ausdruck einer „natürlichen" oder gottgesetzten Ordnung verstanden wurde. Nicht der Funktion, sondern dem – mit jener Ordnung für gegeben und im Prinzip für unverrückbar gehaltenen – Wesen des Standes galt daher in Antike und Mittelalter die überwiegende Zahl der Versuche einer Definition und Analyse – mit vielfältigen Wirkungen bis an die Schwelle unserer unmittelbaren Gegenwart.

Geschichtliche Herkunft und Bedeutungswandel des Stände-Begriffs

Kritik des Begriffs und Max Webers Neudefinition

Mit der für den Geist der modernen Wissenschaft charakteristischen Frage nach der Funktion begann hingegen die doppelte Kritik einerseits an der Sache selbst, der historisch überlieferten – und, wie die Kritiker dann sagten, „nur" historisch begründeten und „gerechtfertigten" – ständischen Gliederung der Gesellschaft, und andererseits an den interessegeleiteten, „ideologischen" Erklärungen und Begründungen dieser Gliederung. Einen gewissen Höhepunkt erreichte eine solche funktionale Betrachtungsweise in Max Webers berühmter und vielzitierter Definition der „ständischen Lage" als „eine typisch wirksam in Anspruch genommene positive oder negative Privilegierung in der sozialen Schätzung". Sie gründe sich im wesentlichen auf „Lebensführungsart", „formale Erzie-

hungsweise" und „Abstammungsprestige oder Berufsprestige". Hier
ist, unter scharfer Hervorhebung gewichtiger Elemente des Begriffs
des Standes als sozialer Kategorie, das meiste von dem ausgeblen-
det, was der Sache wie dem Begriff jenseits von Interessen und
Funktionen in der Rechtsordnung, im politischen und gesellschaftlichen System und nicht zuletzt in der lebensbestimmenden Vorstellungswelt, in Bewußtsein und Mentalität der Menschen, Substanz
und historische Dauerhaftigkeit verlieh.

In welchem Maße eine solche Bestimmung der Begriffe Stand
und „ständische Lage" selbst noch Reflex bestimmter historischer
Prägungen und durchaus disfunktionaler Elemente der bürgerlichen
Gesellschaft war, braucht hier nicht erörtert zu werden. Entscheidend ist, daß diese Betrachtungsweise in letztlich irreversibler Weise
die Perspektive geprägt hat und jeder Versuch, dahinter in einem
dem Selbstverständnis der damaligen Zeit durchaus entsprechenden
Sinne zurückzugehen, zur bloßen Sozialromantik führen würde –
unter Preisgabe der unter dem funktionalen Aspekt erzielten wissenschaftlichen Einsichten.

Hauptcharakteristikum der ständischen Gesellschaft ist unter
diesem Aspekt, daß sie zugleich Berufs- und Lebensordnung war.
Sie wies dem einzelnen seinen Platz sowohl in der sozialen Hierarchie als auch in dem jeweiligen lebensweltlichen Kommunikations-
zusammenhang zu, angefangen von der Familie über die kirchliche
und die politische Gemeinde bis hin zu Kleidung, Auftreten und
Verhaltensweisen. Ihre Genese zeigt, in idealtypischer Vereinfa-
chung, vier Hauptstränge: Krieger und Bauern, „Wehrstand" und
„Nährstand" als die vom romantisch-germanischen Substrat her
ältesten „Stände" in Mitteleuropa, sodann der Klerus, vielfach zugleich interpretiert als „Lehrstand", und schließlich, seit der Entstehung und Entfaltung einer weitläufigeren Städtelandschaft, das
Bürgertum. Jeder dieser Stränge, vor allem der der Stadtbürger
und in etwas geringerem Maße auch der der Bauern, erfuhr im
Lauf der Jahrhunderte viele Differenzierungen. Noch bis zum Ausgang des 18. Jahrhunderts aber bildeten diese vier die ständischen
Großgruppen der Gesellschaft, die sich sehr bewußt voneinander
abhoben und deren Grenzen die tiefsten sozialen Scheidelinien bildeten. Sie zu befestigen und abzuriegeln, war, unbeschadet geziel-
ter Ausnahmen, durchgehend das Ziel der aufstrebenden monarchischen Anstaltsstaaten in Mitteleuropa, die ihre Herrschaft auf
eine derart zementierte ständische Ordnung zu gründen suchten;
noch das Allgemeine Preußische Landrecht von 1794 schrieb die

Genese und Gliede-
rung der ständi-
schen Gesellschaft

ständische Gliederung ausdrücklich fest. So hat der Aufstieg des „modernen Staates", sprich des modernen monarchisch-bürokratischen und zentralistischen „Anstaltsstaates", zunächst – neben anderen Faktoren – zu einer Befestigung, ja, Verhärtung der ständischen Gesellschaft und ihrer Ordnungen geführt – ein Prozeß, der, mit einem Einschnitt im Gefolge des Dreißigjährigen Krieges, über mehr als zwei Jahrhunderte, bis gegen Ende des 18. Jahrhunderts, anhielt.

Die Eximierten: Beamtenschaft und Militär

Dabei wurden von den Vertretern und Wortführern des monarchischen Anstaltsstaates allerdings zwei Gruppen herausgehoben und begrifflich und sozial sowie rechtlich „eximiert" und damit zugleich als ein Moment der Mobilität und des gesellschaftlichen Wandels begünstigt: die Staatsdiener und das Militär, das heißt vor allem das Offizierskorps. Diese beiden Gruppen begegnen seit der Wende zur Neuzeit, ausgeprägt seit dem Ausgang des 17. Jahrhunderts, als ein eigener Stand mit eigenen Rechten, eigener „Ehre", eigenem Verhaltenskodex, mit spezifischer Berufsauffassung, Vorstellungswelt und Mentalität. Sie rekrutierten sich zwar vielfach aus dem Adel. Aber da es sich um expandierende, „neuständische" Gruppen handelte, gab es in sie hinein mehr soziale Mobilität als bei den meisten anderen – abgesehen von bestimmten Gruppen des Bürgertums, von denen gleich noch die Rede sein wird. In der sozialen Hierarchie nahmen höhere Beamtenschaft und Offizierskoprs neben Geistlichkeit und Adel, von den jeweiligen Landesherren in vielfältiger Weise protegiert und privilegiert, die Spitze ein. Dabei blieben sie dem Adel, dem alten Schwertadel, der „noblesse d'epée", nicht nur durch die Herkunft einer großen Zahl ihrer Mitglieder aus seinen Reihen verbunden, sondern verschmolzen oft durch Heirat und Adelserhebungen, durch Aufstieg in den Amtsadel, die „noblesse de robe", mit der alten Führungsschicht.

Die „Bauern"

Die Basis der einerseits klar gegliederten, andererseits von vielfältigen Spannungen und Bewegungen durchzogenen und charakterisierten, also insgesamt durchaus nicht statischen ständischen Pyramide bildeten nach allgemeiner Auffassung „die Bauern", eine Bezeichnung, hinter der sich – wenn damit überhaupt nicht nur pauschal die Landbewohner jenseits von Adel und Bürgertum gemeint waren – eine Fülle von sozialen und ökonomischen Abstufungen verbargen, angefangen vom wohlhabenden, weitgehend unabhängigen Hofbesitzer bis zum Kotsassen, Seldner oder Köbler, zu den ländlichen Kleinbesitzern, die außer über ein kleines Haus, eine Kate, über kaum mehr als einen Garten und etwa noch ein kleines

Stückchen Ackerland verfügten, von dem allein sie schwerlich leben konnten. Vielerorts wurde zwar zwischen diesen beiden Gruppen, sozusagen in ständischer Feingliederung, sorgfältig unterschieden, und als „Bauern" nur die ersteren bezeichnet. Aber wirklich trennscharf war diese Unterscheidung kaum, und vor allem ist sie für die Epoche nicht generalisierbar; wohlhabendere „Seldner" konnten sich in Bayern wie mancher „Kossäte" in den ostelbischen Gebieten von ihrer Landwirtschaft durchaus ernähren, waren also zumindest im funktionalen Sinne „Bauern".

Hinzu kamen schließlich noch die je nach Landschaft Häusler, Gärtner, Büdner, Hüttner oder Brinksitzer genannten Neusiedler, deutlich unterbäuerliche Schichten, die nach Besitzstand und Besitzrecht noch unter den Kotsassen oder Seldnern standen. Ihr Anteil an der gesamten ländlichen Bevölkerung schwankte sehr stark, er konnte aber, wie in dem bereits stark von sogenannten protoindustriellen Verhältnissen bestimmten Sachsen, auf über dreißig Prozent ansteigen. *(Die unterbäuerlichen Schichten)*

Bezieht man mit SAALFELD [75: Ständische Gliederung, 474ff.] in den Bauernstand alle diejenigen mit ein, die ein Minimum an Land besaßen, so umfaßte er siebzig bis achtzig Prozent der „Gesamtbevölkerung der vorindustriellen Zeit", also die überwältigende Mehrheit der Gesellschaft insgesamt. Da die ländlichen Kleinbesitzer allerdings in ihrer großen Mehrheit auf Nebenerwerb angewiesen waren – der de facto vielfach ihre Haupterwerbsquelle war –, wirft eine solche Kategorisierung vielfältige Probleme auf, insbesondere hinsichtlich der von Max Weber so nachdrücklich betonten „ständischen Lage" im Sinne der „positiven oder negativen Privilegierung in der sozialen Schätzung", die Selbst- und Fremdeinschätzung gleichermaßen einschloß. Es liegt auf der Hand, daß hier innerhalb der jeweiligen dörflichen Gemeinschaft Unterschiede bestanden, die es aus der modernen, vor allem auf Einkommen und Besitz fixierten Perspektive schwer machen, noch von einer einigermaßen einheitlichen sozialen Gruppe zu sprechen. Das aber war ein Stand auch sonst nicht, wenn man bedenkt, welche Welten etwa einen Angehörigen des ländlichen Kleinadels beispielsweise in Mecklenburg von einem schlesischen Magnaten trennten oder einen Dorfpfarrer von einem Erzbischof und Kardinal. „In Rang und Würde können Personen von einerley Stande auf verschiedenen Stufen stehen", so der Staatsrechtslehrer Johann Stephan Pütter 1795, „ohne daß die Einheit des Standes sich damit verliehrt" [Über den Unterschied der Stände, besonders des hohen und niederen *(Der Anteil der „Bauern" an der Gesamtbevölkerung)*

Adels in Teutschland]. Stand war eben mehr und vor allem etwas anderes als Schicht und Klasse, und der Übergang von jenem zu diesen war ein säkularer Transformationsprozeß nicht nur auf der sozialen und ökonomischen Ebene.

Am schwierigsten ist dieser Prozeß bezeichnenderweise bei je-nem „Stand" zu fassen, der der nachfolgenden gesellschaftlichen Ordnung den Namen gegeben hat: dem Bürgertum. Dieses, das städtische Bürgertum, ja, die Stadt als sozialer Körper insgesamt habe sich, so sagen die einen, von Anfang an nur schwer in die stän-dische Welt, die ständische Pyramide eingefügt, sei ein Fremdkör-per, mehr noch, ein Element der Dekomposition in ihr gewesen. Im Gegenteil, so die anderen, die Stadt, das städtische Bürgertum habe jene Welt wie in einem Mikrokosmos in ihrer ganzen Breite abgebil-det, sei ihr genuines Produkt und Spiegelbild gewesen, angefangen von dem mit dem Adel gleichzusetzenden städtischen Patriziat bis hin zu den ärmsten, den Klein- und Kleinstbauern vergleichbaren Handwerkern, die ihrerseits nicht selten mit ländlichen bzw. „gärt-nerischen" Nebenerwerbsquellen, oft jenes Handwerk als Hauptbe-ruf betrieben, das dort als Nebenerwerb galt. Hier wie dort, in der Stadt wie auf dem Lande, habe es denn auch bezeichnenderweise unter dem Bürger- bzw. dem Bauernstand eine – im 18. Jahrhundert kontinuierlich anwachsende – unterständische Schicht gegeben, Dienstboten und Gesinde, die Menschen ohne zünftiges Gewerbe und die Landlosen, die unterbürgerlichen und im engeren Sinne un-terbäuerlichen Schichten, die bei allen Unterschieden eines gemein-sam hatten: daß sie keinen eigenen Stand bildeten, daß sie der Stän-degesellschaft zwar zugeordnet und ihr in vieler Hinsicht unent-behrlich waren, in ihr jedoch nur abgeleitete Rechte besaßen und als Unmündige galten. Zu welchen Merkwürdigkeiten der Versuch führen kann, mit historischen Analogien zu arbeiten, dokumentiert die Tatsache, daß man ausgerechnet jenen Schichten später, nach dem endgültigen Untergang der ständischen Welt, erfolgreich den Namen „Vierter Stand" übergestülpt hat.

Immerhin ist sehr deutlich, wer in der ständischen Welt zum Bürgertum im engeren Sinne zählte und welche Qualifikationen da-für erforderlich waren. Um als Bürger angenommen zu werden und das städtische Bürgerrecht zu erwerben, bedurfte es des Nachweises der „gesicherten Nahrung", also eines selbständigen, existenzsi-chernden Berufes – was in der Mehrzahl der Fälle gleichbedeutend war mit der Mitgliedschaft in einer Zunft – sowie eines Minimums an Besitz, wobei die Maßstäbe von Stadt zu Stadt außerordentlich

Das Bürgertum

Die unterständi-schen Schichten

Qualifikationen des Bürgers

variierten. Alle Versuche freilich, das so definierte Bürgertum stärker zu untergliedern und es im nachhinein in Schichten und Klassen zu unterteilen, sind bisher, nicht zuletzt aus Mangel an einem entsprechend breitgefächerten und aussagekräftigen Datenmaterial, nicht sehr weit gekommen. Natürlich gab es innerhalb des städtischen Bürgertums eine deutliche Hierarchie. Sie hat sich nicht zuletzt in den Kleiderordnungen niedergeschlagen, die mit jeweils charakteristischen Veränderungen immer wieder neu bekräftigt wurden. Aber diese Hierarchie wurde doch einerseits überwölbt durch die gemeinsame Rechtsstellung aller Bürger und, vielleicht wichtiger noch, durch das gemeinsame Bürgerbewußtsein. Und sie wurde andererseits noch nicht im gleichen Ausmaß wie später durch Besitz und Einkommen bestimmt, sondern ebenso stark durch Kriterien wie Herkunft, Familienverbindungen, traditionelles Ansehen und Alter des jeweiligen Berufsstandes, Bewährung im „städtischen Regiment" und Verdienste um das Gemeinwesen, Faktoren, die ihrerseits Lebensgesetze und Mentalitäten der ständischen Welt unmittelbar widerspiegeln.

(Randnotiz: Hierarchische Abstufungen innerhalb des Bürgertums)

In solchen Kriterien steckte zugleich ein prononciert konservatives Element, da sie in vielem Vergangenes prämierten und dem Neuen erst mit einer gewissen Verzögerung Geltung und Anerkennung verschafften. Es kann jedoch keine Rede davon sein, daß die stadtbürgerlichen Gesellschaften sich von daher je länger, je mehr als Bollwerke gegen soziale Veränderungen und wirtschaftlichen Wandel erwiesen hätten. Die sich im Verlauf des 18. Jahrhunderts auch in Mitteleuropa so deutlich beschleunigende gesellschaftliche und ökonomische Entwicklung und ihre Dynamik fand im Gegenteil wie in vergleichbaren vorangehenden Epochen – etwa dem ausgehenden 15. und der ersten Hälfte des 16. Jahrhunderts – in vielen Städten ihren sichtbarsten Ausdruck. Auf sie, auf das städtische Bürgertum setzten denn auch die im Schoß der Bürokratie heranwachsenden Reformkräfte – neben Veränderungen in der Landwirtschaft und in der Agrarverfassung – ihre Haupterwartungen hinsichtlich einer grundlegenden Veränderung der bestehenden Ordnung in Wirtschaft und Gesellschaft, sprich: des Übergangs von der ständischen Gesellschaft zu einer ganz neuen Gesellschaftsformation, für die sich nicht zufälligerweise bald der alte Begriff eines von den Bürgern bestimmten Gemeinwesens, der „societas civilis", der „bürgerlichen Gesellschaft", durchsetzte. Aus der Allianz zwischen den reformbereiten Kräften der staatlichen Beamtenschaft und den dynamischen Gruppen des städtischen Bürgertums, also jenen bei-

(Randnotiz: Dynamik des wirtschaftlichen und sozialen Wandels in den Städten)

den gesellschaftlichen Fraktionen, die auch bisher schon ihrem Charakter und ihrem Wirken entsprechend eines der stärksten Elemente der Veränderung und des sozialen Wandels repräsentiert hatten, ist in Mitteleuropa schließlich jene neue Gesellschaft wesentlich hervorgegangen.

Geprägt wurden das Gesicht der ständischen Gesellschaft und ihr Charakter freilich vor allem von den beiden ersten Ständen, vom Adel und von der Geistlichkeit. Es war kennzeichnend für die Gesellschaft des Alten Reiches, daß sich beide Stände zunehmend **Der Adel** fast kastenmäßig abschlossen. Das galt für alle Ebenen des um 1800 rund 50 000 Familien, etwa ein Prozent der Gesamtbevölkerung, umfassenden Adels, vom Hochadel mit den reichsunmittelbaren Fürsten- und Grafenhäusern an der Spitze über den Hofadel mit seinen vielfältigen Abstufungen bis hin zu dem vielerorts materiell eher dürftig ausgestatteten niederen Adel und dem sprichwörtlich gewordenen preußischen Krautjunker, die ihre Standesvorrechte und das geburtsständische Prinzip oft mit besonderer Leidenschaft verteidigten. Dazu gehörte, da die jeweilige Grund- bzw. Gutsherrschaft meist nur einen Teil der Familie standesgemäß zu ernähren **Adelsgruppen** vermochte, vor allem der bevorrechtigte Zugang zu den höheren Verwaltungs-, Militär- und Kirchenämtern, der seinen Angehörigen etwa im Preußen Friedrichs des Großen wiederholt bestätigt wurde. Mit der Zunahme und Intensivierung der Staatstätigkeit und dem Ausgreifen des Staates in immer weitere Bereiche gewann der Adel hier ein neues Fundament seiner traditionellen Machtstellung, das an Bedeutung zunehmend mit seiner Position als Guts- bzw. Grundherr und den daran geknüpften Privilegien vergleichbar wurde. Das **Charakter der Füh-** Ebenbürtigkeitsprinzip hinsichtlich des Konnubiums, bei dem man **rungsstellung des** sich ganz am Hochadel und an den regierenden Häusern orien- **Adels** tierte, diente dabei deutlich und in einer Weise, die die aufsteigenden Schichten des Bürgertums zunehmend irritierte, dazu, diese Bereiche abzuschirmen. Diese Abgrenzungstendenz wurde auf der anderen Seite auch dadurch verstärkt, daß der kontinentaleuropäische Adel es ablehnte – es ihm vielfach auch von Staats wegen untersagt war –, bürgerliche, gar kaufmännische Berufe zu ergreifen, wie es etwa in England bei den nachgeborenen Söhnen des Adels seit langem üblich war. Man kann also insgesamt sagen, daß sich ungeachtet der von den Vertretern der Aufklärung so nachdrücklich formulierten gegenläufigen Bestrebungen und Tendenzen und ungeachtet mancher, damals wie später vielbeachteter Ausnahmen das geburtsständische Prinzip im Hinblick auf die Grenzlinie zwischen dem

Adel und der übrigen Gesellschaft im 18. Jahrhundert eher noch verstärkt hat.

Was für den mitteleuropäischen Adel insgesamt gilt, gilt auch für die höhere, vor allem für die katholische Geistlichkeit. Domkapitel und Bischofsämter waren so gut wie durchgängig im Besitz des Adels, der eifersüchtig und mit immer strengeren Bestimmungen über das Privileg der entsprechenden Ämterbesetzungen wachte. Die Reichskirche des 18. Jahrhunderts war eindeutig eine Adelskirche, soweit es ihre Spitze anging. Darunter freilich, auf der Ebene der niederen Geistlichkeit, repräsentierte sie, unter dem Dach des einen Standes, die ganze Breite der Gesellschaft bis hin zu einfachen Bauern-, ja, Häuslersöhnen und Nachkommen kleiner Handwerker. Der geistliche Stand als ganzer war also kein Geburtsstand, sondern ein – speziell privilegierter – Berufsstand, zwar mit allen Attributen eines Standes der ständischen Gesellschaft, aber mit anderen Zugangskriterien auf der unteren, im nichtkatholischen Deutschland auch auf der mittleren und vielerorts auch auf der höheren Ebene. Das hatte zur Folge, daß er, je nach den Umständen, auch zu einem sprengenden Element der ständischen Welt und Gesellschaft werden konnte; man denke etwa an Frankreich, wo ein Teil der niederen Geistlichkeit eine bedeutende Rolle im Vorfeld und in der Revolution von 1789 gespielt hat. Eine solche Entwicklung hat es in Mitteleuropa nicht gegeben. Aber insbesondere die katholische Kirche hat hier in der Phase des schrittweisen Übergangs von der ständischen zur bürgerlichen Gesellschaft einen grundlegenden Gestaltwandel insofern erlebt, als mit der Säkularisation zugleich das Fundament der Adelskirche vollständig zusammenbrach. Bis an die Spitze, auf die großen Erzstühle, rückten nun auch hier binnen weniger Jahrzehnte die Vertreter ganz anderer gesellschaftlicher Gruppen; die Erzdiözese Köln etwa, die über Jahrhunderte so etwas wie eine Sekundogenitur des wittelsbachischen Hauses gewesen war, wurde seit 1845 von einem pfälzischen Winzersohn, von Johannes Geissel, geleitet. Der führende Stand der überlieferten, der ständischen Gesellschaft wurde so von seiner inneren Struktur – nicht von der politischen Haltung der Mehrheit seiner Vertreter – her geradezu zu einem Musterbeispiel des gesellschaftlichen Wandels der Epoche und ein Spiegelbild der Konstellationen und Kräfte, die ihn vorantrieben.

2. Die dynamischen Kräfte: Aufklärung, wirtschaftlicher Wandel und soziale Bewegung

Gerade in den letzten Jahren ist die Vorstellung vom im wesentlichen statischen Charakter der ständischen Gesellschaft, wie sie in den politischen und gesellschaftlichen Auseinandersetzungen des ausgehenden 18. und des 19. Jahrhunderts entwickelt worden ist und wie sie sich dann auch wissenschaftlich verfestigt hat, in vielfältiger Hinsicht in Frage gestellt und mit zum Teil recht weitgehenden Einschränkungen versehen worden. Unbeschadet dessen aber besteht Einigkeit darüber, daß diese Gesellschaft etwa seit der Mitte des 18. Jahrhunderts einem sich immer dramatischer gestaltenden Veränderungsprozeß unterworfen gewesen ist, dessen Dynamik schließlich zu einem grundlegenden gesellschaftlichen Gestaltwandel geführt hat. Auch darüber ist man sich weithin einig, daß jener Veränderungsprozeß auf mehreren Ebenen gleichzeitig vorangeschritten ist und daß diese Ebenen dabei in einem Wechselverhältnis zueinander standen, eine monokausale Betrachtungsweise also das Spezifische und die besondere Dynamik des Prozesses verfehlt.

Beschleunigung des Wandels seit der Mitte des 18. Jahrhunderts

Insbesondere der Zusammenhang zwischen rationaler, sich zunehmend verwissenschaftlicher Welterkenntnis und wirtschaftlichem Wandel ist auf vielen Gebieten mit Händen zu greifen: in der Landwirtschaft – bei den Anbaumethoden, den Anbautechniken und der Betriebsführung; im Bereich der gewerblichen Wirtschaft – in der Nutzung der Naturkräfte und Bodenschätze, in der beginnenden Technisierung und Rationalisierung; im Handel – in der Erschließung immer weiterer Räume, in der Verbreitung der doppelten Buchführung und des ausgreifenden Kalküls; und nicht zuletzt in der Entwicklung gesamtwirtschaftlicher Theorien mit unmittelbaren praktischen Folgen – man denke etwa an Adam Smith oder an die Physiokraten.

Rationale Welterkenntnis und wirtschaftliche Veränderungen

Dieser unmittelbare Zusammenhang zwischen der Aufklärung und dem ökonomischen Wandel ist den Zeitgenossen und vor allem den Vertretern der Aufklärung selbst vollständig bewußt gewesen. Ja, in Westeuropa, in England wie in Frankreich, stand jener Zusammenhang vielfach beherrschend im Zentrum. Die deutsche Aufklärung war demgegenüber in vielen ihrer Vertreter eher ,,idealistischer". Sie entwickelte ihre politischen und gesellschaftlichen Theorien in größerer Distanz zur ,,Praxis", zu den realen Verhältnissen der Zeit; bei Kant und insbesondere in der Kant-Rezeption ist das sehr deutlich.

Allerdings gilt das nicht oder nur in viel begrenzterem Maße für jenen Bereich, von dem aus die Aufklärung in Mitteleuropa in erster Linie praktisch wurde, das heißt unmittelbar auf die bestehenden Verhältnisse einwirkte: für den sogenannten aufgeklärten Absolutismus und sein Hauptinstrument, die aufgeklärte Bürokratie. Im Gegenteil, viele Vertreter der französischen Aufklärung, Voltaire, Diderot, d'Alembert, schauten bewundernd auf das Preußen Friedrichs des Großen, dann auf das Österreich Josephs II., auf die Kurpfalz Karl Theodors oder die badische Markgrafschaft Karl Friedrichs, wo so vieles, was sie im eigenen Land vergeblich predigten, auf ungleich fruchtbareren Boden fiel. Ihr Glaube an die Möglichkeit einer durchgreifenden Reform von Staat, Wirtschaft und Gesellschaft durch eine überlegt und konsequent nach übergreifenden Einsichten und Konzepten handelnde, eben „aufgeklärte" Staatsgewalt erhielt hier zumindest zeitweise die stärkste Nahrung.

> Aufklärung und aufgeklärter Absolutismus in Mitteleuropa

Das begann mit der schrittweisen Bauernbefreiung auf den landesfürstlichen Domänen Preußens, später auch in der Habsburger Monarchie, mit der Errichtung von Mustergütern und der gezielten Verbreitung von ökonomischen und technischen Einsichten auf dem Gebiet der Landwirtschaft. Es setzte sich fort in der Normierung, Vereinheitlichung und damit zugleich vielfältigen Verbesserung der Rechtsstellung der nichtprivilegierten Untertanen auf dem Land und in den Städten durch die großen Gesetzeswerke mit dem Allgemeinen Preußischen Landrecht von 1794 an der Spitze. Und es fand seinen Ausdruck in vielen gewerbepolitischen Maßnahmen einschließlich der Errichtung bzw. Begünstigung von Manufakturen, in der Rationalisierung von Verwaltung und Justiz, in der Beseitigung konfessioneller Schranken und Begünstigungen, auch und nicht zuletzt in der – begrenzten – Freigabe des öffentlichen Diskurses, den die Aufklärer zu einer wesentlichen Quelle allen Fortschritts erklärt hatten.

> Agrarreformen

> Gewerbepolitik, Rationalisierung der Verwaltung, Pressefreiheit

Sicher, vieles blieb hier vor Ausbruch der Französischen Revolution und der Dynamisierung aller Verhältnisse auch weit jenseits der Grenzen Frankreichs in ihrem Gefolge Absicht, Plan, Programm, denen sich die Wirklichkeit vielerorts zäh widersetzte. Aber es sind doch schon vor der Revolution entscheidende Fundamente dafür gelegt worden, daß dann im weiteren in Mitteleuropa der monarchische Anstaltsstaat und seine Bürokratie auf zahlreichen Gebieten die führende Kraft bei allen Veränderungen blieben und zumindest die Rahmenbedingungen in zentraler Weise bestimmten. So ist die neue Gesellschaft hier in vieler Beziehung, wenn auch nicht vorwiegend oder gar ausschließlich, aus einer Art „Revolution von oben" hervorgegangen, die in den preußischen wie in den sogenannten Rheinbundreformen gipfelte. Das hat den Charakter dieser Gesellschaft nicht unwesentlich geformt und bestimmt.

Handelte es sich bei der zunächst von relativ kleinen Gruppen getragenen Aufklärungsbewegung und der Reformpolitik des aufgeklärten Absolutismus gewissermaßen um exogene Kräfte, so darf **Endogene Faktoren** man die endogenen Faktoren des gesellschaftlichen Wandels dar-**des gesellschaft-** über nicht unterschätzen, wie das lange Zeit der Fall gewesen ist. Sie **lichen Wandels** entfalteten sich vor allem in den Städten und innerhalb des städtischen Bürgertums, das seit der Mitte des 18. Jahrhunderts auch in Mitteleuropa immer stärker aus den bestehenden Verhältnissen herausdrängte. Das galt vor allem für das Handelsbürgertum, das in jeder Hinsicht stürmisch expandierte: in der Zahl seiner Vertreter, in der Spannweite, auch im geographischen Spielraum seiner Aktivitäten, hinsichtlich der dabei erzielten Gewinne und auch im Hinblick auf das politische Gewicht in der jeweiligen Stadt. Es galt aber auch, wenngleich in geringerem Maße, für das sich immer mehr differenzierende – später so genannte – Bildungsbürgertum, also für die freien Berufe, die künstlerischen Professionen, die Lehrberufe, für die sich der entsprechende Markt während des 18. Jahrhunderts laufend erweiterte, auch wenn sich die Verhältnisse natürlich mit denen des 19. Jahrhunderts noch nicht vergleichen lassen, von denen des 20. ganz zu schweigen. Hier entstand schrittweise, aber auf **Das neue Bürger-** breiter Front ein neues Bürgertum mit einem neuen, sich in man-**tum** cher Hinsicht schon überlokal definierenden sozialen Bewußtsein. Dieses Bürgertum setzte sich deutlich ab vom ständisch-korporativen städtischen Zunftbürgertum, aber auch, wo ein solches bestand, vom städtischen Patriziat, was kurz- wie auch längerfristige Koalitionen mit der einen oder anderen Seite, je nach der jeweiligen Interessenlage, nicht ausschloß – vor allem zwischen der Kaufmannschaft auf der einen und dem Handwerk sowie dem Kleinhandel auf der anderen Seite bestanden vielerorts wie beispielsweise in Frankfurt am Main, in München oder in Mannheim, in Bremen, Leipzig oder Köln über Jahrzehnte derartige Bündnisse.

Die Aufstiegschancen, die die innere Dynamik und die zum Teil stürmische Expansion dieses neuen Bürgertums eröffneten, wa-**Neue soziale** ren beträchtlich. Und vor allem lieferten sie und die Karrieren in **Mobilität** diesem Bereich Muster für eine ganz neue soziale Mobilität, weithin wirkende Beispiele für die Möglichkeiten, die sich bei entsprechendem Fleiß und entsprechender Tüchtigkeit dem einzelnen in der sich langsam abzeichnenden neuen, der bürgerlichen Gesellschaft eröffneten, als deren Vorhut das neue Bürgerum erschien. Davon ging eine auch mentale Dynamisierung weiter Kreise der Gesamtgesellschaft aus; für sie trat neben die traditionellen Ziele des Nahrungsschutzes und der Daseinssicherung in korporativen Systemen zunehmend – wenn nicht für die eigene Person, so doch für die eigenen Kinder – die Perspektive des individuellen Aufstiegs, gegründet auf Chancengleichheit und Beseitigung geburtsständischer Hindernisse.

Das Pathos bürgerlichen Leistungs- und Aufstiegsdenkens ist natürlich kein spezielles Kind des 18. Jahrhunderts. Es begegnet in den spätmittelalterlichen Städten ebenso wie im Humanismus, bei den Vertretern der großen Handelshäuser des 16. und 17. Jahrhunderts ebenso wie im Kalvinismus und Puritanismus, wobei sich die Antriebe vielfach kreuzten und überschnitten. Entscheidend aber wurden seit der zweiten Hälfte des 18. Jahrhunderts seine Verbreitung und die Fülle der Beispiele, die immer klarer zu belegen schienen, daß „den Marschallstab im Tornister" zu haben als Devise wenn nicht für jeden, so doch für eine ständig wachsende Zahl von Menschen Geltung habe. Man kann von einem förmlichen Paradigmenwechsel der Lebensplanung bei immer größeren Gruppen zunächst der städtischen einschließlich der kleinstädtischen Bevölkerung sprechen, gegen den sich innerhalb des Bildungsbürgertums sogar schon Gegenstimmen regten, die vor den Gefahren der Vereinseitigung und der Reduzierung der menschlichen Existenz durch solche Lebens- und Karrieremuster warnten; man denke etwa an Goethes „Wilhelm Meister", dessen Held sich dem ganz bewußt zu entziehen versucht.

Wie sich das Verhältnis von exogenen und endogenen Faktoren in dem sich in den letzten Jahrzehnten des 18. Jahrhunderts immer mehr beschleunigenden Prozeß der Mobilisierung und Veränderung der Gesellschaft gestaltete, läßt sich in der besonderen politisch-territorialen Situation Mitteleuropas nur im Einzelfall, nicht generalisierend feststellen, also von Land zu Land, ja, vielfach nur von Stadt zu Stadt.

Ein zumindest zu einem erheblichen Teil endogener Faktor des sozialen Wandels allerdings ist so unübersehbar, daß sich über seine Bedeutung alle Seiten einig sind: die seit den letzten Jahrzehnten des 18. Jahrhunderts auch in Mitteleuropa einsetzende stürmische

Die Bedeutung der Bevölkerungsvermehrung

Bevölkerungsvermehrung. Entsprechende Angaben und Analysen stehen daher meist an der Spitze einschlägiger Darstellungen und Handbücher.

In der Tat war es vor allem jener Faktor, der die überlieferte gesellschaftliche Ordnung, das ständische „System" schließlich nicht nur als in vielfacher Weise ungerecht, sondern auch als unökonomisch, als fortschritts- und entwicklungsunfähig und damit, am Ende auch in konservativen Augen, als unhaltbar erscheinen ließ. Hatte man in Mitteleuropa bis zur Höhe des 18. Jahrhunderts hinsichtlich der Bevölkerungszahlen vielerorts eben die Verluste durch den Dreißigjährigen Krieg und seine Folgen aufgeholt, so setzte nun eine stürmische, sich ständig beschleunigende Expansion der Bevölkerung ein. Zwar beruhen die absoluten Zahlen vielfach auf Schätzungen, wobei in Mitteleuropa noch hinzukommt, daß bei ihrer Addition oft ein unterschiedlicher Gesamtrahmen zugrundegelegt wird, also Deutschland in den Grenzen des Heiligen Römi-

Wachstumsraten schen Reichs oder von 1871 oder von 1937. Aber die prozentualen Steigerungsraten vermitteln insgesamt doch ein sehr klares Bild von der vorherrschenden Tendenz und den mittel- und langfristigen Entwicklungstrends. Danach wuchs die mitteleuropäische Bevölkerung in dem halben Jahrhundert zwischen 1750 und 1800 um rund 30 Prozent. Der Schwerpunkt dieses Wachstums lag zunächst, bis weit ins 19. Jahrhundert hinein, sehr eindeutig bei den ländlichen Unterschichten. Die Agrarreformen des aufgeklärten Absolutismus bis hin zu der sogenannten Bauernbefreiung in der preußischen Reformzeit haben dabei sicher eine gewisse Rolle gespielt, aber wohl nur als zusätzlich vorantreibender, nicht als, wie früher oft behauptet, auslösender Faktor. Die Gründe für den dramatischen Bevölkerungsanstieg mit Schwerpunkt auf den ländlichen, mit deutlichem Abstand dann auch auf den städtischen Unterschichten, der sich während der ersten Hälfte des 19. Jahrhunderts noch weiter auf vielfach über 50, in manchen Gegenden Mitteleuropas auf annähernd 100 Prozent beschleunigte, wird man vielmehr in einem ganzen Ursachenbündel suchen müssen, das seinerseits sogleich, und das ist wohl das Entscheidende, in Wechselwirkung mit jenem Prozeß der Bevölkerungsvermehrung trat, ihn über ein Jahrhundert kontinuierlich vorantrieb.

Ursachen des Bevölkerungs-zuwachses
Von zentraler Bedeutung war in dem ganz überwiegend agrarischen Gebiet Mitteleuropas der Ausbau der Landwirtschaft, der einer wachsenden Zahl von Menschen eine halbwegs „gesicherte Nahrung", also eine materielle Existenzgrundlage garantierte.

Hinzu kamen gesteigerte Chancen in der gewerblichen Wirtschaft, die sich über Verlage und Heimgewerbe immer mehr auch auf dem flachen Land boten. Schließlich spielte die Verbesserung der gesamtwirtschaftlichen Lage, der „Konjunktur", vor allem nach dem Ende des Siebenjährigen Krieges ebenso eine Rolle wie der langsame Wandel des Normensystems, der frühe Heiraten und „illegitime" Geburten begünstigte. Was zunächst Wirkung war, wurde dann sehr rasch Ursache, dynamisierte über den Arbeits- wie über den Konsummarkt die Kräfte der Veränderung, die dann ihrerseits den Kreislauf beschleunigten. In ihn schalteten sich zunehmend diejenigen im Staat wie in dem lebhafter werdenden öffentlichen Diskurs ein, die in den bevölkerungspolitischen, wirtschaftlichen und sozialen Veränderungen eine entscheidende, zukunftsbestimmende Herausforderung nicht nur einzelner Bereiche der bestehenden politischen, wirtschaftlichen und gesellschaftlichen Ordnung, sondern des politisch-sozialen Gesamtsystems sahen. Die Zeichen standen auf Sturm, auf einen gesamtgesellschaftlichen Umbruch: davon war man in diesen Kreisen gegen Ausgang des 18. Jahrhunderts mehr und mehr überzeugt. Die Frage sei nur noch, ob sich jener Umbruch gewaltsam von unten her Bahn brechen oder ob es gelingen werde, ihn durch eingreifende, in manchem sogar antizipatorische Maßnahmen und Entscheidungen von oben zu steuern und in „vernünftigen" Bahnen zu halten.

Herausforderungen an das Gesamtsystem

Die Revolution, die 1789 nach langem Donnergrollen in Frankreich ausbrach, hat die Richtigkeit dieser Diagnose auch in den Augen der großen Mehrzahl derjenigen bestätigt, die bisher noch an ihr gezweifelt hatten. Alles, was seither in Mitteleuropa geschah, war jenseits aller Einzelheiten in der einen oder anderen Form eine Antwort auf jene sich selbst als einen welthistorischen Akt, als eine welthistorische Zäsur verstehende Revolution.

3. Die Bedeutung der Französischen Revolution und der Reformzeit

Der gesellschaftliche Wandel, der sich im Verlauf des 18. Jahrhunderts auf vielen Ebenen angekündigt und angebahnt hatte, hat sich auch in Mitteleuropa unter dem Eindruck und zum Teil unter dem unmittelbaren Einfluß der Französischen Revolution erheblich beschleunigt. Dabei spielte die Dynamisierung innergesellschaftlicher Kräfte ebenso eine Rolle wie die Impulse, die von der Revolution

Beschleunigung des gesellschaftlichen Wandels durch die Französische Revolution

und dann vor allem von der Herrschaft Napoleons, des „Erben der
Revolution", auf die einzelnen Staaten ausgingen und jene in ihnen
begünstigten, die bisher schon für grundlegende wirtschaftliche und
gesellschaftliche Reformen im Sinne der Konzeption des aufgeklärten Absolutismus eingetreten waren.

Die „deutschen Jakobiner"

Unter den innergesellschaftlichen Kräften galt in der Forschung lange Zeit besondere Aufmerksamkeit den sogenannten
deutschen Jakobinern, also denen, die insbesondere in der Habsburger Monarchie, in Südeutschland mit dem vielbeschworenen
Zentrum Mainz und auch in den Hansestädten für eine Veränderung der Gesellschaft nach dem Vorbild des revolutionären Frankreich und unter Voranstellung des Gedankens der demokratischen
Selbstbestimmung eintraten. Dabei ist freilich immer deutlicher geworden, daß die entsprechenden Gruppen nicht nur sehr klein waren, sondern daß sie gemeinhin auch nur ein vergleichsweise geringes Echo in der Bevölkerung fanden, zumal in deren ländlichem
Teil, der die ganz überwiegende Mehrheit der Gesamtbevölkerung
ausmachte. Sehr viel bedeutsamer scheint insgesamt gesehen neben
der schrittweisen Veränderung der Rahmenbedingungen, von der
gleich noch die Rede sein wird, zunächst die Tatsache gewesen zu
sein, daß sich mit dem Ausbruch der Revolution in Frankreich und
ihren Erfolgen sowie den universalen Ansprüchen, die ihre Vertre-

Änderung der Zu-
kunftsperspektiven

ter erhoben und zunehmend auch durchzusetzen vermochten, die
Perspektiven sowohl für die Anhänger und Verteidiger der bestehenden Ordnung als auch für ihre Kritiker grundlegend verschoben.
Erstere wurden nun in ihrer Mehrheit – das läßt sich vor allem auf
der lokalen Ebene sehr deutlich beobachten und nachzeichnen –
sehr viel konzessionsbereiter und öffneten sich auch ihrerseits neuen
Ideen, Plänen und personellen Konstellationen. Und die Kritiker
drängten mit neuem Selbstbewußtsein auf Öffnung von Gewerben
und Märkten, auf Beseitigung konfessioneller und ständischer
Schranken, auch auf Beteiligung an politischen Entscheidungsgre-
mien und Entscheidungsprozessen.

Die Städte als Zen-
tren des Wandels

Unmittelbar greifbar wird dies, wie neuere Forschungen zeigen, vor allem in den Städten. In ihnen vollzog sich seit dem letzten
Jahrzehnt des 18. Jahrhunderts vielerorts ein entschiedener Wandel
der Konstellationen, und zwar sowohl auf der politischen Ebene, im
Verhältnis der verschiedenen Gruppen und Fraktionen zueinander,
als auch, dies bedingend und vorantreibend, auf der ökonomischen
und gesellschaftlichen. Insbesondere das Handelsbürgertum, aber
auch alle jene, die in Verlag, Manufaktur und größeren Gewerbebe-

trieben unternehmerisch tätig waren, kamen in ihrer sozialen und politischen Stellung, vielfach auch hinsichtlich der Gleichberechtigung der Konfessionen gegenüber den traditionellen Führungsschichten in Politik und städtischer Gesellschaft, deutlich voran. Diese Schichten ihrerseits gaben nicht nur ihre bisherige Abwehrhaltung in vielen Punkten auf, sondern wandten sich selbst verstärkt unternehmerischen Aktivitäten und neuen Feldern des Handels zu. In Überwindung alter korporativer und innerständischer, auch konfessioneller Grenzen begann sich hier schrittweise eine neue bürgerliche Führungsschicht, ein neues Bürgertum zu formieren. Allerdings bestanden gleichzeitig die alten Frontlinien, auch wenn die Zahl der „Überläufer" sich ständig vermehrte, an vielen Punkten noch fort. Auf der Suche nach Parteigängern warben dabei beide Seiten verstärkt um die Vertreter von Kleinhandel und Handwerk, modern gesprochen um die Vertreter der mittelbürgerlichen und kleinbürgerlichen Schichten. Sie suchten gleichzeitig, so weit es irgend ging, alles zu vermeiden, was diese in ihren konkreten materiellen Interessen unmittelbar tangierte. Daraus erklärt sich der langanhaltende Widerstand auch in weiten Kreisen des Handelsbürgertums gegen das Prinzip der vollständigen Handels- und Gewerbefreiheit – ganz abgesehen davon, daß die Verbindung von überlokaler Handelsfreiheit und lokalen Beschränkungen auch ihnen, wie manchen im größeren Stil unternehmerisch Tätigen, zusätzliche Vorteile bot. Die im Vormärz oft sehr engen Koalitionen zwischen Kaufmannschaft und Handwerk, wie sie etwa in Frankfurt am Main und an vielen anderen Orten bestanden, haben hier ihre Wurzeln.

Formierung einer neuen bürgerlichen Führungsschicht

Werben um Kleinhandel und Handwerk

Aus diesem Zusammenhang erklärt sich auch, daß der Appell der Truppen der Französischen Revolution und ihrer Führer, sich mit ihrer Hilfe gegen die bestehende Ordnung zu erheben – ein Apell, der sich vor allem an das mittlere und kleinere Bürgertum, an Handwerk und „Krämer", aber auch an die Bauern richtete – hier insgesamt gesehen nur ein sehr geringes Echo fand. Im weiteren Verlauf, vor allem dann in der napoleonischen Zeit, wandte sich die französische Politik denn auch vornehmlich an die sogenannten Notabeln, also an jene sich immer deutlicher herausbildende neue bürgerliche Führungsschicht, und suchte sie durch gezielte Begünstigung, nicht zuletzt auch auf gesetzgeberischem Wege, für sich zu gewinnen.

Geringes Echo der Revolutionspropaganda

Diese Politik entsprach ganz der Entwicklung auf der staatlichen Ebene. Auch hier hatten die Vertreter der militärisch und poli-

tisch nach 1792 über die Grenzen Frankreichs hinaus expandierenden Französischen Revolution und ihrer Armeen nach einem ersten
Versuch, mit „revolutionären Kräften" zusammenzugehen – in
diese Zeit fällt das Experiment der Mainzer Republik der Jahre
1792/93 – schon bald zunehmend auf ein Bündnis mit denjenigen
im Lager der etablierten Kräfte gesetzt, die ihrerseits bereit waren,
zu den von der französischen Politik auch im Innern erstrebten Veränderungen und Reformen die Hand zu reichen. Diese Veränderungen und Reformen zielten darauf, die militärische und finanzielle
Kraft der Staaten zu stärken, die im Zuge der großen territorialen
Flurbereinigung in dieser Form neu geschaffen worden waren: Bayern, Württemberg, Baden, Nassau, Hessen–Darmstadt, und auch
darauf, ihre direkte Macht und Verfügungsgewalt gegenüber ihren
Untertanen zu heben; andererseits suchten sie die Unterstützung
und Begünstigung jener gesellschaftlichen Kräfte zu erreichen, auf
die die Regierungen und Verwaltungen dieser Staaten auf der lokalen Ebene setzten.

    Dieser Teil des Einflusses der Französischen Revolution und
vor allem dann der Herrschaft ihres „Erben" Napoleon auf Mitteleuropa hat in der Forschung der letzten Jahrzehnte ganz im Zentrum gestanden, nachdem er lange Zeit im Zeichen des Fortwirkens
der Reaktion gegen die napoleonische Herrschaft und einer von daher bestimmten nationalen Geschichtsschreibung nur eine sehr begrenzte Aufmerksamkeit gefunden hatte. Dominiert hatte bis dahin
über mehr als ein Jahrhundert der Blick auf die preußischen, von,
wie es hieß, nationalem Geist diktierten Reformen, die man von
dem angeblich „undeutschen" Charakter der sogenannten Rheinbundreformen abhob. Inzwischen allerdings besteht weithin Einigkeit darüber, daß beide Reformanläufe, so sehr sie sich auch im einzelnen voneinander unterschieden, Reaktionen auf die Französische Revolution und die von ihr eingeleiteten Entwicklungen darstellten. Und auch darin besteht Einigkeit, daß beide den gesellschaftlichen Wandel wesentlich beschleunigten, indem sie die Rahmenbedingungen einschneidend veränderten.

    Vier Zonen des direkten oder indirekten Einflusses des revolu-
tionären Frankreich und des napoleonischen Regimes, das vor allem in wirtschaftlich-sozialer, aber auch in militärischer, verwal-
tungspoltitischer und rechtlicher Hinsicht unmittelbar an die Revolution anknüpfte, lassen sich in Mitteleuropa, klammert man das
Gebiet der Habsburger Monarchie aus, die sich in dieser Zeit immer
entschiedener vom Josephinismus abkehrte, feststellen: 1. die von

**Bündnis der Vertre-
ter der Revolution
mit den etablierten
Kräften**

**Preußische und
Rheinbundrefor-
men**

**Vier Zonen des
französischen
Einflusses**

Frankreich direkt annektierten Gebiete, also zunächst das linke Rheinufer und schließlich die gesamte norddeutsche Küstenlandschaft bis hin nach Hamburg und Lübeck; 2. die napoleonischen Vasallenstaaten, das Großherzogtum Berg und das Königreich Westfalen, die unter der Herrschaft eines Schwagers (Murat) bzw. eines jüngeren Bruders von Napoleon (Jérôme) zugleich Modelle für die übrigen Staaten Mitteleuropas abgeben sollten und daher auch „Modellstaaten" genannt werden; 3. die mit Frankreich und Napoleon durch feste Bündnisse und vielfältige Begünstigungen verbundenen, in dieser Form zumeist neugeschaffenen Staaten, die dann im Rheinbund zusammengefaßt wurden; und 4. schließlich Preußen, das nach seiner Niederlage und teilweisen Besetzung durch den französischen Sieger einen eigenen Reformweg ging.

Einer weitgehend gemeinsamen Linie folgten in allen vier Staatengruppen – auch die „preußischen Staaten" bildeten ja zunächst eher eine Staatengruppe – die Reformen auf dem Gebiet des Staatsaufbaus, der Verwaltungsorganisation, der Finanzen, in vieler Hinsicht auch des Militärwesens und auf der anderen Seite des Bildungswesens. Sie war charakterisiert durch den konsequenten Auf- und Ausbau des bürokratisch-zentralistischen monarchischen Anstaltsstaates, der sich nun, in vielfältiger Hinsicht befreit von den Hindernissen der überlieferten Verhältnisse und der in ihnen verankerten Traditionen – man denke etwa an die bis dahin vielerorts noch vorhandenen Institutionen ständischer Selbstverwaltung und Mitregierung –, in zum Teil dramatischem Tempo vollzog.

Der Zusammenhang der Verwaltungs-, Militär-, Finanz- und Bildungsreformen

Hingegen unterschieden sich die Reformen und Reformanstöße im wirtschaftlichen und im gesellschaftlichen Bereich in starkem Maße – mit weitreichenden Folgen für die Entwicklung der deutschen Gesellschaft im 19. Jahrhundert. In den durch Frankreich annektierten Gebieten auf dem linken Rheinufer wurden die ökonomischen und sozialen Prinzipien der Französischen Revolution – Rechtsgleichheit, freie Berufswahl, Gewerbefreiheit, Handelsfreiheit, Freiheit des Grund und Bodens usw. – vollständig und in Preußen, sieht man von der weiterhin in vielfacher Hinsicht privilegierten Stellung der Rittergutsbesitzer einmal ab, im Grundsatz durchgesetzt. Demgegenüber machten Regierung und Verwaltung in den sogenannten Modellstaaten vielfältige Kompromisse mit der bestehenden Ordnung, vor allem hinsichtlich der überlieferten „feudalen" Agrarverfassung. Die ursprünglichen Pläne, sie nach französischem Vorbild zu beseitigen, kollidierten zunehmend mit den Bestrebungen Napoleons, sein Regime durch eine diesem verpflichtete

Unterschiede in den sozioökonomischen Reformen: Die annektierten Gebiete und Preußen

Die Modellstaaten

neue Führungsschicht aus alten und neuem Adel zu konsolidieren
und den neuen Militär- und Amtsadel nicht zuletzt in Mitteleuropa
zu „fundieren". Aber auch bezüglich der Gewerbe- und Handelsfreiheit machte man hier vielfältige Einschränkungen, teils aus fis-
kalischen, teils aus herrschaftspolitischen Erwägungen, teils auch
mit Blick auf die französische Wirtschaft, zum Schutz vor unliebsa-
mer Konkurrenz. Damit war zugleich das System der Rechts- und
Chancengleichheit in mehrfacher Hinsicht durchlöchert, und die
dynamischen Kräfte in Wirtschaft und Gesellschaft fühlten sich
eher behindert und eingeschränkt als gefördert.

Die übrigen Rhein-
bundstaaten
Gleiches galt in noch stärkerem Maße für die große Mehrheit
der übrigen Rheinbundstaaten, die dann auch noch zusätzlich nach
1807/08 den vollen Druck der Kontinentalsperre zu tragen hatten,
deren außenpolitische Stoßrichtung sich in der Praxis vielfach mit
spezifischen französischen Wirtschaftsinteressen verband. Zu einer
konsequenten Beseitigung der traditionellen Agrarverfassung
konnte sich hier kein Staat entschließen und ebensowenig zur Anerkennung der Grundsätze einer freien Wirtschaft und des neuen, auf

Einführung und
Ablehnung des
„Code Napoléon"
prinzipieller Rechts- und Chancengleichheit beruhenden Zivil-
rechts, wie sie im Code civil, dem Code Napoléon, fixiert waren.
Dessen Einführung wurde zwar von Napoleon insbesondere in den
Verhandlungen mit den neuen süddeutschen Staaten nachdrücklich
gefordert. Bis zu seinem Sturz aber geschah dies nur in den beiden
Großherzogtümern Frankfurt und Baden, und auch dort nur in
stark „modifizierter" Form, mit weitgehender Wahrung insbesondere der grundherrlichen Rechte. In allen anderen Rheinbundstaaten zögerten die Regierungen selbst die Einführung eines stark mo-
difizierten Code solange hinaus, bis der französische Druck im Zusammenhang mit der erwähnten Adelspolitik und unter dem Eindruck der Erfahrungen in den Modellstaaten weitgehend nachließ.
So blieb hier die alte grundherrschaftliche Agrarverfassung ungeachtet mancher Veränderungen im einzelnen insgesamt gesehen bestehen. Und auch im Hinblick auf Handel und Gewerbe gingen die
Veränderungen kaum über das hinaus, was in Begünstigung von
Manufakturbetrieben, neuen Erwerbszweigen und des Fernhandels
schon auf der Linie des aufgeklärten Absolutismus gelegen hatte.
Allerdings lieferten in diesen Bereichen bereits die territoriale Flurbereinigung seit dem Ausgang des 18. Jahrhunderts und die Bildung
größerer und geschlossenerer staatlicher Einheiten eine Fülle von
zusätzlichen Impulsen. Hinzu kamen die, nicht zuletzt mit den
Bündnisverpflichtungen gewaltig gestiegenen, Finanzbedürfnisse

dieser Staaten und das, was die ständigen Feldzüge – und auch ihre Zerstörungen – an materiellen Aufwendungen verlangten. Auch ohne eine grundlegende Veränderung der Wirtschaftsverfassung erlebten so in der napoleonischen Epoche neben dem Finanzwesen viele Bereiche von Handel und Gewerbe trotz der Kontinentalsperre einen bemerkenswerten Aufschwung. Dieser begünstigte seinerseits in diesen Bereichen die Kräfte des sozialen Wandels und führte mit der wirtschaftlichen auch zu einer starken gesellschaftlichen Dynamisierung.

Man wird sich von daher davor hüten müssen, den Einfluß der staatlichen Reformen auf den Prozeß des sozialen Wandels, so gewichtig er im einzelnen sein mochte, zu überschätzen. Die endogenen Kräfte waren und blieben zumindest gleich stark, und sie bestimmten vor allem in erheblichem Maße Charakter wie Tempo jenes Wandels. Wo, wie im ostelbischen Preußen, der Adel auch wirtschaftlich eine starke Stellung besaß, da war er es, der durch die staatlichen Reformen zusätzlich begünstigt wurde, auch wenn diese ursprünglich in eine andere Richtung zielten. Wo die Verhältnisse, wie im städtereichen Süden und Westen des Alten Reiches, anders lagen, wirkten sie sich zugunsten des Bürgertums aus, selbst da, wo die Regierungen diesem nur sehr begrenzt entgegenkommen wollten. Es bedarf also von Fall zu Fall der genauen Prüfung, inwieweit die bürgerliche Gesellschaft in Mitteleuropa, wie oft behauptet, ein Kind des Reformstaats gewesen ist. Und dabei wird man zusätzlich in Rechnung stellen müssen, daß staatliche Reformaktivitäten und die dahinter stehenden Intentionen sich – relativ – leichter erforschen lassen als die, gleichsam von hunderten von Einzelimpulsen vorangetriebene, innere Dynamik des sozialen Wandels.

Grenzen der staatlichen Reformen

4. Gesellschaftliche Zielvorstellungen und Utopien

Es gehört wohl zum Wesen des Menschen, daß er sich die Zukunft bei aller Kühnheit seiner Erwartungen von den Rahmenbedingungen her, von dem, was man das gesellschaftliche System nennt, nur in Fortschreibung und Akzentuierung der Vergangenheit bzw. bestimmter Vergangenheiten vorstellen kann. Er verwendet das individuelle und kollektive Erfahrungssubstrat sozusagen als Bausteine und fügt diese nach Plänen zusammen, die gleichsam archetypischen Mustern des sozialen Lebens folgen. Mit den Worten Jean Jacques Rousseaus in seinem „Contrat social": „Unsere Ideen von

Zukunftserwartungen in der Perspektive der Vergangenheit

der künftigen sozialen Ordnung ziehen wir aus der bestehenden. Wir konzipieren die allgemeine Gesellschaft *(la société générale)* nach unseren je speziellen Gesellschaften *(après nos sociétés particulières)* ... und wir beginnen nicht im eigentlichen Sinne Menschen zu werden, bevor wir Bürger [in einem bestimmten Gemeinwesen] waren."

Diese Präformierung der sozialen Ideen und Erwartungen durch konkrete Erfahrungen der je spezifischen Umwelt wird im Übergang von der ständischen zur sogenannten bürgerlichen Gesellschaft, also grob datiert zwischen 1750 und 1850, besonders deutlich. Ausgangspunkt aller gesellschaftlichen Zukunftsüberlegungen war, auch wenn von der Aufklärung abstrakt das Individuum als Grundeinheit der Gesellschaft in den Mittelpunkt gerückt wurde, die soziale Gruppe, der Stand, dem wiederum nicht der einzelne, sondern die patriarchalisch strukturierte Familie samt Gesinde mit dem Hausvater an der Spitze zugeordnet wurde. Gemeinsam war zunächst allen gesellschaftlichen Überlegungen und Zielvorstellungen der Epoche, daß sie Gesellschaft, gleichsam vor aller Reflexion, als ständisch gegliederte Gemeinschaft der Hausväter verstanden. Von dieser Basis aus entwickelten die verschiedenen Schulen und Richtungen ihre gesellschaftlichen Erwartungs- und Reformkonzepte, die, mochten sie auch in ihren Schlußfolgerungen und Ergebnissen außerordentlich divergieren, hier ihr verbindendes Element hatten.

Das galt für die schottischen Moralphilosophen in der Tradition des Aristoteles und des klassischen Republikanismus ebenso wie für die französischen Enzyklopädisten, für die geistigen Erben John Lockes ebenso wie für Voltaire und Rousseau, für Adam Smith ebenso wie für die Physiokraten. Damit sind zugleich die Richtungen umschrieben, die auch in Mitteleuropa zunächst dominierten, bevor mit Kant und dem deutschen Idealismus ein eigenständigeres sozialtheoretisches Denken einsetzte, das seinerseits schon bald über Mitteleuropa hinaus ausstrahlte.

Wie die Gemeinsamkeit des Ausgangspunktes, so wurden freilich auch die je unterschiedlichen historischen Erfahrungen und die je unterschiedliche konkrete Lebenswelt, die der einzelne Autor vor Augen hatte, überwölbt und gewissermaßen eingeebnet durch den abstrakt-universalistischen Ansatz, der allen Sozialphilosophen und Sozialtheoretikern der Epoche gemeinsam war. Jede Einsicht, jede soziale Zielvorstellung, jedes gesellschaftliche Postulat wurde gleichsam sofort auf die Ebene: Gattungswesen Mensch projiziert,

Die ständischen Grundlagen der sozialen Erwartungsmodelle

Führende Theoretiker der gesellschaftlichen Reform

für prinzipiell überall gültig erklärt. Von daher eröffneten sich zwischen der letztlich an Aristoteles orientierten Konzeption der „res publica sive societas civilis", die freilich unter dem Eindruck des gesellschaftlichen, des wirtschaftlichen und politischen Strukturwandels von Land zu Land vielfältige Modifikationen erfuhr, und Hegels Theorie der bürgerlichen Gesellschaft grundsätzliche, „weltanschauliche" Alternativen, während man rückblickend eher davon sprechen kann, daß jeweils realistische Analysen ganz unterschiedlicher Verhältnisse in ihrer Fortschreibung zu sehr unterschiedlichen Prognosen und Theorien geführt haben – eine Tatsache, die durch Abstraktheit und Allgemeinheitsanspruch verstellt wurde.

Ähnliches läßt sich über die ökonomischen Einsichten und Theorien eines Adam Smith einerseits, der Physiokraten andererseits sagen. Anders gewendet: Nur eine – oft geforderte und selten gelieferte – Sozialgeschichte der sozialen Theorien und Ideen ist in der Lage, die Betrachtung an den Punkt zu führen, wo soziale Theorien praktisch, d. h. ein wirkungsvoller Faktor im historischen Prozeß wurden, da sie die jeweilige soziale Wirklichkeit und die konkreten sozialen Erwartungshaltungen genau trafen. *Desiderat einer Sozialgeschichte der sozialen Theorien*

In diesem Sinne haben in Mitteleuropa zunächst die Ideen der Physiokraten, das heißt ein ganz auf die Landwirtschaft, auf die agrarische Produktion gerichteter Wirtschaftsliberalismus, ein weit größeres Echo gefunden als diejenigen von Adam Smith, die vor allem auf die gewerbliche Wirtschaft und das sich hier immer mehr durchsetzende Prinzip der Arbeitsteilung zielten. Steigerung der agrarischen Produktion durch Freigabe von Grund und Boden, durch Bauernbefreiung, Liberalisierung des Fernhandels und das hieß zugleich des Produkten- und Rohstoffhandels sowie durch Erleichterung des geistigen Austauschs auch und nicht zuletzt im Sinne der „Verbreitung nützlicher Kenntnisse" – das waren sowohl von seiten der aufgeklärten Bürokratie als auch von seiten der „bürgerlichen" Öffentlichkeit die Hauptforderungen. Hingegen zögerte man anfangs hier wie dort, an die gewachsene Symbiose von korporativ organisiertem Handwerk, Klein- und Fernhandel zu rühren, wie sie in den Städten als den „Zentren von Handel und Gewerbe" (Nebenius) bestand. Wohl gab es auch in Mitteleuropa im 18. Jahrhundert eine ganze Reihe von expandierenden größeren gewerblichen Betrieben, von frühen Unternehmern und Verlegern, die dieses Gefüge sprengten und zugleich grundsätzlich in Frage stellten; man denke etwa an Augsburg oder an Aachen mit seiner früh florierenden Nadel- und Textilindustrie. Aufs Ganze gesehen bildeten sie *Einfluß der Physiokratie in Mitteleuropa*

Grenzen des Wirtschaftsliberalismus im gewerblichen Bereich

jedoch die Ausnahme, und es dauerte noch geraume Zeit, bis man in ihnen die ökonomische Formation der Zukunft sah, die positiven – und dann bald auch die negativen – Zukunftserwartungen an ihnen und den von ihnen entwickelten Produktions- und Organisationsformen ausrichtete. Bestimmend blieb zunächst jene als organisch empfundene Symbiose von Handwerk, Klein- und Fernhandel, die man zwar im einzelnen zu verbessern und auf modernere Grundlagen zu stellen, aus der Enge (berufs)ständischer Begrenzungen herauszuführen bestrebt war, die man jedoch als Gesamtheit zu erhalten wünschte. Bestimmend dafür waren weniger ökonomische Überlegungen im engeren Sinne als gesamtgesellschaftliche und politische Erwägungen.

Symbiose von Handwerk und Handel

Diese Erwägungen waren ihrerseits diktiert von der überlieferten, letztlich auf Aristoteles zurückgehenden Idee der „bürgerlichen Gesellschaft" als *„res publica"*, und zwar nicht so sehr als von einer Theorie, sondern als von einer Realität. Diese Realität meinten viele Zeitgenossen, ungeachtet aller hier von Fall zu Fall zu beobachtenden Verformungen, in den Städten mit den Reichsstädten an der Spitze beobachten zu können. Neben den in Deutschland selbst überlieferten Traditionen des „klassischen Republikanismus" und den westeuropäischen, speziell englischen *„civil society"*-Konzeptionen war es im weiteren vor allem Immanuel Kant, der hier die Anschauungen aufs stärkste geprägt hat.

Die traditionelle Idee der „bürgerlichen Gesellschaft"

Ungeachtet aller bei ihm besonders ausgeprägten Tendenz zur Abstraktion und Verallgemeinerung ist sehr deutlich, daß Kants Vorstellungen vom Gemeinwesen der Zukunft das Modell der freien stadtbürgerlichen Gesellschaft zugrunde liegt. Das läßt sich vor allem an der zentralen Bedeutung ablesen, die Kant dem Prinzip der bürgerlichen Selbständigkeit beimaß. Von den drei „Prinzipien", auf denen nach ihm „der bürgerliche Zustand" gründete, nämlich der „Freiheit ... als Menschen", der „Gleichheit ... als Untertan" und der „Selbständigkeit jedes Gliedes eines gemeinen Wesens als Bürger", erschien ihm das dritte als das eigentlich konstitutive. Es stifte die soziale Identität des einzelnen und bilde die Grundlage seiner politischen wie gesellschaftlichen Ansprüche. Zugleich garantiere es jenes für ein freies Gemeinwesen unerläßliche Mindestmaß an Gleichheit, indem es alle diejenigen ausschließe, die ohne „gesicherte Nahrung" und in Abhängigkeit vom Willen anderer zu selbständigem politischem Handeln nur begrenzt oder gar nicht fähig seien.

Kant

Grundlage und Bezugspunkt aller politischen und sozialen Erwartungen war also die Gesellschaft selbständiger Hausväter, die in der gesamten einschlägigen Literatur der sogenannten Frühen Neuzeit eine zentrale Rolle spielte und etwa auch bei Rousseau, auf den sich Kant immer wieder berief, ganz im Mittelpunkt aller Überlegungen stand. Für die frühe liberale Bewegung in Deutschland, für Karl von Rotteck, für Carl Theodor Welcker, für Friedrich Murhard oder Robert von Mohl ist diese Konzeption bestimmend geworden. Sie entwickelten sie schrittweise fort zu der Idee und Zielprojektion der mittelständischen „klassenlosen Bürgergesellschaft". Zu ihr werde schließlich, im Zuge der immer weiteren Verbreitung von Bildung und Aufklärung und im Zuge des wirtschaftlichen Fortschritts, also mit der Verbreitung materieller wie geistiger Selbständigkeit, praktisch jedermann Zugang finden. Die Gesellschaft der selbständigen Hausväter

Die Vertreter der frühen bürgerlichen Bewegung standen dabei in entschiedenem Gegensatz zu jenem Sozialphilosophen, der, in Erwartung einer ganz anderen Zukunft, den Begriff der „bürgerlichen Gesellschaft" in entscheidender Weise umgeprägt hat, nämlich zu Georg Friedrich Wilhelm Hegel. Für ihn war die bürgerliche Gesellschaft der heraufziehenden modernen Welt nicht mehr *„res publica sive societas civilis"*, sondern ein „System" der „Interessen und Bedürfnisse", das aus sich heraus keinen „allgemeinen Willen" und kein „Bewußtsein" seiner selbst entwickeln könne, vielmehr von seinen immanenten Interessenkonflikten bestimmt und bewegt werde. In diesem „System" der neuen „bürgerlichen Gesellschaft" herrsche zudem nicht Gleichheit, sondern zunehmende Ungleichheit und damit wachsende Ungerechtigkeit. Daher bedürfe es, solle nicht alles im Chaos der Interessenkonflikte versinken und dem Recht des Stärkeren anheimfallen, einer steuernden Kraft von außen: des Staates und seiner Bürokratie, die so etwas wie einen „allgemeinen Stand" bilde, also eine soziale Gruppe, die nur dem Allgemeinwohl verpflichtet sei. Hegel

Damit waren die unterschiedlichen Zukunftserwartungen und die darauf gegründeten alternativen „Modelle" ganz scharf markiert. Hier die Idee der „klassenlosen Bürgergesellschaft" der Zukunft, die sich mit der Verbreitung von Wissen und materiellem Wohlstand auf der Linie der alten, sich selbst regierenden Stadtbürgergesellschaft entwickeln werde mit dem Bürgertum als konstitutivem Kern, als Vorhut jener Gesellschaft und Modell ihres „allgemeinen Standes". Dort die Konzeption einer mit innerer Notwendigkeit immer stärker außengeleiteten neuen „bürgerlichen Gesellschaft", die ohne den Staat und seine auf das Gemeinwohl ver- Zwei alternative „Modelle" der Gesellschaft der Zukunft pflichtete Bürokratie an ihren Gegensätzen und Widersprüchen und an dem blinden Machtstreben ihrer bourgeoisen Führungsgruppe zu zerbrechen drohe.

Marx   Karl Marx hat schließlich in seinem noch viel weiter ausgreifenden Zukunftsmodell beide Perspektiven in gewisser Weise zu vereinigen versucht, indem er den aus der jeweiligen Sicht prognostizierten Entwicklungen zeitliche Phasen zuwies. Die Hegelsche „bürgerliche Gesellschaft", die aufgrund der sich dramatisch verändernden Produktionsbedingungen – die Hegel weitgehend unberücksichtigt gelassen habe – von einem sich ständig verschärfenden Klassenkampf und wachsenden materiellen Gegensätzen bestimmt sein werde, könne nur durch einen Staat überwunden werden, der konsequent die Partei der Unterlegenen, des Proletariats, ergreife, also seinerseits Klassenstaat werde, ja, sich zu einer förmlichen „Diktatur des Proletariats" entwickele. Dann freilich, nach der „Expropriation der Expropriateure", nach der Überführung des Eigentums an den Produktionsmitteln in Gemeineigentum, wenn auf der Ebene des Individuums auch in materieller Hinsicht weitgehende Gleichheit herrsche, also eine „klassenlose Gesellschaft" bestehe, könne der Staat wieder ganz zurücktreten und alles dem Verkehr nun wirklich gleichberechtigter mündiger Individuen überlassen. Am Ende werde der Staat förmlich „absterben", da seine Aufgabe entweder gelöst oder ihre Wahrnehmung in den Schoß der Gesellschaft zurückgekehrt sei.

Perspektiven   Hier freilich war, in utopischer Fortschreibung der auf die „klassenlose Bürgergesellschaft" zielenden Erwartungen, der Rahmen der Realität der frühen bürgerlichen Gesellschaft weit überschritten. Nicht nur ihre angeblich unvermeidliche, gesetzmäßig verlaufende weitere Entwicklung war darin vorweggenommen, sondern auch der mit Sicherheit nur in der beschriebenen Weise zu erwartende Prozeß ihrer Überwindung. Der Dogmatismus, der darin steckte und der dann selbst zu einer geschichtsmächtigen Kraft ersten Ranges geworden ist, war das eine. Das andere war das kritische Potential, das in diesem wie in anderen, zum Teil gleichfalls bis ins Utopische gesteigerten Erwartungsmodellen enthalten war und damals wie später zur schärferen und auch nüchterneren Erfassung der Realität der sich entfaltenden bürgerlichen Gesellschaft beitrug.

5. Die frühe bürgerliche Gesellschaft: Struktur und Entwicklungstendenzen

Formationen der Gesamtgesellschaft, die unter einem Begriff gefaßt werden, Gesellschaftstypen also, sind, wie sich versteht, immer Idealtypen im Sinne Max Webers, mit anderen Worten: Sie treten in der Wirklichkeit nirgendwo in reiner Form auf, sie sind immer systematische Bündelungen bestimmter, als typisch verstandener Elemente. Die Realität wird durchgängig von Mischformen bestimmt, in denen sich traditionelle und neue Faktoren verbinden und bei denen jeweils die Prägung durch ganz individuelle, aus der je spezifischen historischen Entwicklung resultierende Momente hinzukommt. Insofern folgt jede nicht bloß deskriptive, sondern typologisch ausgerichtete Analyse einer gesellschaftlichen Struktur und Entwicklung dem methodischen Grundmuster der Aufklärung, nämlich aus dem Individuellen durch Abstraktion und Generalisierung das Allgemeine herauszudestillieren – mit der Prämisse, daß dieses Allgemeine eine höhere Realität und nicht bloß ein intellektuelles Konstrukt darstelle.

Idealtypische Betrachtungsweise

Dies noch einmal ausdrücklich zu unterstreichen, ist gerade im Hinblick auf die Frage nach Struktur und Entwicklungstendenzen der frühen bürgerlichen Gesellschaft sehr nötig. Denn in kaum einer Phase der Entwicklung der europäischen Gesellschaft haben die jeweiligen Erwartungshaltungen und die darauf gegründeten sozialen Theorien die Analyse der Zeitgenossen wie auch der Nachgeborenen in einem solchen Ausmaß bestimmt wie hier. Von den Anhängern der „Schule" John Lockes wie von denjenigen des sogenannten klassischen Republikanismus sind ganz andere Elemente als zentral und zukunftsbestimmend hervorgehoben worden als von den Hegelianern und Marxisten. Und diejenigen, die das Wesen der bürgerlichen Gesellschaft vor allem von dem wirtschaftlichen Verhalten ihrer führenden Mitglieder und von der Wirtschaftsordnung her bestimmten, rückten ganz andere Faktoren in den Mittelpunkt als jene, die in den individuellen Menschenrechten und im Grundsatz der Rechts- und Chancengleichheit das eigentlich Entscheidende sahen.

Zusammenhang von Analyse und Erwartungshaltung

Um die Gefahr zu mindern, sich zu stark von ganz bestimmten Deutungen und Perspektiven und darauf gegründeten gesamtgesellschaftlichen Theorien bestimmen zu lassen, empfiehlt es sich, statt von einem angeblich immanenten Charakter der bürgerlichen Ge-

sellschaft und ihr eigenen Entwicklungstendenzen von dem auszugehen, was sie in welchen Bereichen von ihrer Vorgängerin, der sogenannten ständischen Gesellschaft, real und dann typusbildend
unterschied. Das war zunächst, ganz banal, die anfangs partielle,
dann immer weitere Bereiche erfassende Durchbrechung des ständischen Prinzips. Wie schon gezeigt, war diese Entwicklung im städtischen Bürgerrecht und dem wesentlich von hier bestimmten Begriff
des Bürgers von früh an vorgeformt. Aber beides war lange Zeit hindurch, ja, in der zweiten Hälfte des 17. und der ersten des 18. Jahrhunderts sogar mit zunehmender Tendenz gleichsam korporativ eingehegt gewesen. Indem das Bürgerrecht weitgehend an die berufs-
ständisch gegliederten Korporationen, die Zünfte, Kaufmannschaf-
ten und patrizischen Gesellschaften, zurückgebunden war, fand sein
prinzipiell überständischer Charakter in der ökonomischen und sozialen Wirklichkeit nur eine geringe Entsprechung, und die große
Mehrzahl der städtischen Verfassungen zog ihm auch in politischer
Hinsicht faktisch enge Grenzen. Hier nun setzte in den letzten Jahrzehnten des 18. Jahrhunderts der entscheidende, die weitere Entwicklung bestimmende Wandel an. Man kann von einer förmlichen
Dynamisierung des überlieferten Bürgerrechts und Bürgerbegriffs
sprechen, und zwar sowohl in politischer und geistig-kultureller als
auch in sozialer und ökonomischer Beziehung, wobei die erstge-
nannten Momente zunächst offenbar gewichtiger waren als das letz-
tere, das wirtschaftliche.

Drei Faktoren haben bei dieser Dynamisierung eine zentrale
Rolle gespielt: die Aufklärung, der Anstoß der Französischen Revolution und der noch wachsende Druck des absoluten Staates und
seiner Bürokratie. Von allen dreien war schon in anderem Zusammenhang die Rede. Hier geht es um die konkreten Auswirkungen
auf Struktur und Entwicklung der entstehenden bürgerlichen Gesellschaft.

Die Aufklärung verlieh dem Bürgerbegriff, weiter gespannt:
der Idee des Bürgers, eine ganz neue Qualität, indem sie den Haupt-
akzent nicht mehr auf die Herkunft und die wirtschaftlich-soziale
Stellung – so wichtig diese blieben – als vielmehr auf die „Bildung"
legte. „Wo kam die schönste Bildung her,/Und wenn sie nicht vom
Bürger wär?" hieß es Ausgang des 18. Jahrhunderts bei Goethe. Das
verwies einerseits auf den Zusammenhang zwischen der Entwicklung der Kultur und dem sozialen Milieu und setzte dabei den Akzent thesenhaft in ganz bestimmter Weise. Andererseits aber, und
das war das Entscheidende, identifizierte es Teilhabe an der moder-

Unterschiede zur ständischen Gesellschaft

Dynamisierung des Bürgerrechts und des Bürgerbegriffs

Die Bedeutung des aufklärerischen Bildungsgedankens

nen Kulturentwicklung und bürgerliche Existenz, definierte den Bürger wesentlich von jener Teilhabe, also von der Bildung her.

Das war nicht nur Programm, sondern entsprach durchaus einer Lebensrealität, einer praktizierten Bewußtseinshaltung. Sie spiegelte sich etwa in den zahlreichen patriotischen Gesellschaften und bürgerlichen Vereinen, die seit dem Ausgang des 18. Jahrhunderts überall wie Pilze aus dem Boden schossen. In vielen Variationen wurde immer wieder zum obersten Assoziationszweck erklärt, daß sich im Verein „die Gebildeten aller Stände" zum geistigen Austausch zusammenfinden sollten. Natürlich wurden dabei eine bestimmte gesellschaftliche Position und ein bestimmter ökonomischer Status vorausgesetzt – ihn garantierten schon die relativ hohen Eintritts- und Mitgliedsbeiträge. Aber es war doch bezeichnend, daß als zentral stets aufs neue das „überständische" Element hervorgehoben wurde und daß man als entscheidende Vermittlungsinstanz zwischen den Ständen die Bildung ansah, deren Besitz den Bürger neuen Typs ausmache und charakterisiere.

Die Vereine als „überständisches" Element

Diese Überwölbung und schrittweise Umformung des traditionellen Bürgerbegriffs öffnete ihn zugleich für eine neuartige Politisierung in Anknüpfung und Anlehnung an die Ideen der Französischen Revolution. Die Tatsache, daß die Bürgerrechte in Frankreich zunächst an bestimmte Besitzvoraussetzungen gebunden waren und dies nach dem Ende der Jakobinerherrschaft auch wieder wurden, daß in Deutschland hingegen die vor allem auf Kant zurückgehende Formel dominierte, daß „Besitz und Bildung" den Bürger ausmache, läßt den Zusammenhang sehr deutlich werden. Französische Liberale wie Benjamin Constant haben später vor einer solchen Herauslösung des Bürgerbegriffs aus seinem konkreten sozialen Kontext nachdrücklich gewarnt. Zunächst aber hat sie hier fraglos einer sozialen Öffnung der Gesellschaft und ihrer Mobilisierung im Sinne der von der Französischen Revolution verkündeten Freiheits- und Menschenrechte zusätzlich den Weg gebahnt.

Einfluß der Französischen Revolution

Hinzu kam, daß auf diese Weise die Front, die sich insbesondere in den Städten gegen die wachsenden Ansprüche des Staates und seiner Bürokratie formierte, zugleich erweitert und verstärkt wurde. Neben der Betonung des Überständischen und der Bildung wurde der Antiabsolutismus zu einem zentralen Faktor der Konstituierung der neuen, der bürgerlichen Gesellschaft und ihrer namengebenden führenden Schicht, des städtischen Bürgertums, das sich selbst in diesen Jahren grundlegend wandelte. Überall schlossen sich im Zeichen der Abwehr staatlicher Eingriffe in die Belange der

Antiabsolutismus als Basis gemeinsamer bürgerlicher Politik

Gesellschaft, also vor allem der jeweiligen stadtbürgerlichen Gesellschaft, und des Versuchs, diese noch mehr als bisher der staatlichen Herrschaft und dem staatlichen Regelungsanspruch zu unterwerfen, die verschiedenen Gruppen des städtischen Bürgertums zusammen – nicht selten unter Hintanstellung divergierender Interessen. Das

gilt in speziellem Maße für das Verhältnis zwischen der städtischen Kaufmannschaft und den Vertretern des Handwerks einschließlich des Kleinhandels. Zugunsten der politischen Allianz mit letzteren steckten die Repräsentanten der Kaufmannschaft hinsichtlich der ihnen grundsätzlich naheliegenden Forderung nach Handels- und Gewerbefreiheit vielerorts bewußt zurück. Die Tatsache, daß es im Süden Deutschlands zu entsprechenden gesetzlichen Regelungen erst in den sechziger Jahren des 19. Jahrhunderts kam, hängt wesentlich damit zusammen.

(Marginalie: Bürgerliche Koalitionsbildungen)

Gerade die an vielen Stellen zu beobachtende Bildung von Allianzen zwischen Kaufmannschaft und Handwerk zeigt im übrigen sehr deutlich, daß, so bedeutsam die ökonomischen Entwicklungen und die mit ihnen verbundenen Interessen waren, der Prozeß der Konstituierung des neuen Bürgertums und der neuen bürgerlichen Gesellschaft aus ihnen allein nur sehr begrenzt erklärt werden kann. Denn eindeutige Gewinner dieser Entwicklungen waren zunächst die Kaufleute, genauer die Vertreter des Groß- und Fernhandels, und diejenigen, die diesen Handel – und zunehmend auch die in der Hinsicht immer bedürftigere öffentliche Hand – finanzierten. Sie bildeten das Zentrum des neuen Bürgertums und ökonomisch wie politisch und zunehmend auch sozial den Mittelpunkt der neuen Gesellschaft. Von einigen Ausnahmen, etwa der Bremer und der Hamburger Kaufmannschaft, abgesehen aber formulierten sie, wenn überhaupt, ihren Primatsanspruch außerordentlich zurückhaltend und betonten immer wieder ihre Offenheit als soziale Gruppe und ihren Willen zur Kooperation mit den anderen gesellschaftlichen Kräften, speziell in ihrem unmittelbaren Umfeld, der Stadt.

(Marginalie: Die wirtschaftliche Entwicklung und die Konstituierung des neuen Bürgertums)

Das war zugleich ein Reflex ihrer ökonomischen Interessenlage, der die Verbindung von liberalisiertem Fernhandel und gebundener lokaler Wirtschaft zusätzlichen Nutzen versprach. Es war jedoch auch Ausdruck von gesellschaftlichen Erwartungen, die bestimmt waren von der in der Aufklärung entwickelten Vorstellung einer Art prästabilierter sozialer Harmonie.

(Marginalie: Ökonomische Interessen, gesellschaftliche Erwartungen und Lebenspraxis)

Die ökonomische Fundierung dieser Vorstellung durch einen Adam Smith verband sich dabei auf das engste mit der eigenen lebensweltlichen Erfahrung, daß nichts so sehr dem allgemeinen wie dem individuellen Nutzen diene, wie ein auf den schließlichen Konsens ausgerichtetes System der Wahrung und Respektierung der jeweiligen Interessen. Darin steckt zunächst von den politisch-gesellschaftlichen Rahmenbedingungen wie von der eigenen Einsicht und vom wohlverstandenen Eigeninteresse her ein starkes Widerlager gegen die Betonung eines spezifischen Klasseninteresses und schon gar gegen den Versuch der Errichtung einer einseitigen Klassenherrschaft. Das ließ die frühe bürgerliche Gesellschaft, ohne daß man die auch in ihr steckenden Interessendivergenzen und Interessenkonflikte dabei übersehen darf, zu einem eigenen sozialen Typus werden (vgl. dazu a. unten Abschn. 9), in wesentlichen Punkten schon von der ständischen Gesellschaft unterschieden und doch noch ohne den mehr oder weniger ausgeprägten Klassencharakter jenes Typus der bürgerlichen Gesellschaft, wie er dann vor allem aus der industriellen Revolution, aus der Revolutionierung der Fertigungsmethoden der gewerblichen Wirtschaft und ihren sozialen Folgen, hervorging.

Der Typus der frühen bürgerlichen Gesellschaft

6. Alte und neue Führungsschichten

Die ständische Gesellschaft besaß, bei aller inneren Differenzierung und Mannigfaltigkeit, eine deutlich ausgeprägte hierarchische Struktur. Der absolute Fürstenstaat hat diese Struktur, auch wenn er die politischen Rechte der beiden Führungsgruppen dieser Gesellschaft, des Adels und der Geistlichkeit, systematisch zurückzudrängen und zu beschneiden suchte, noch zusätzlich akzentuiert. Die Person des Herrschers bildete nicht nur die Spitze der ständischen Hierarchie, die sich durch ihn, durch Ämterverleihungen und Adelserhebungen, zugleich ständig erneuerte. Sie wurde durch den Monarchen auch strukturell garantiert, da das ganze System des monarchisch-bürokratischen Anstaltsstaates innerhalb des Gebietes des „Heiligen Römischen Reiches" auf dieser Hierarchie aufruhte: Noch im „Allgemeinen Landrecht für die Preußischen Staaten" von 1794 wird das, so „aufgeklärt" dieses in vieler Hinsicht war, ganz deutlich.

Hierarchische Struktur der ständischen Gesellschaft

Dem entsprach, daß der monarchische Staat die sich im Verlauf der Frühen Neuzeit verstärkenden Abschließungstendenzen der ständischen Führungsschichten nachhaltig unterstützte. Ob es das Monopol des Adels bei der Besetzung militärischer Führungspositionen, seine Stellung als Grund- bzw. Gutsherr war, ob es um

Stützung durch den monarchischen Staat

die sogenannte Ahnenprobe als Voraussetzung für die Mitgliedschaft in einem Domkapitel oder um die Frage „legitimer" Heiraten
und Erben ging – stets stellte sich der monarchische Staat hinter die
Ansprüche des Adels und der in ihrer Spitze aufs engste mit dem
Adel verbundenen Geistlichkeit. Mit diesem Flankenschutz nahm
die Aristokratie innerhalb des Alten Reiches vielfach Kastencharak-
ter an. Auch das sogenannte Patriziat in den Städten fügte sich zumindest tendenziell zunehmend in diesen Rahmen ein.

Antiaristokratismus
und antielitäre
Grundhaltung der
neuen bürgerlichen
Führungsschichten

Die Folge war, daß alle diejenigen, die, aus unterschiedlichen
Motiven und mit unterschiedlichen Zielen, aus der ständischen Gesellschaft herausdrängten, in der Frontstellung gegen die Aristokratie einen gemeinsamen Nenner fanden. Die bürgerliche Bewegung
in Deutschland war, und das konstituierte zunächst sehr wesentlich
ihre Einheit, entschieden antiaristokratisch gesinnt, sah im Adel
und seinen Privilegien und Ansprüchen das Haupthindernis für
eine den eigenen Wünschen und Interessen entsprechende Umge-
staltung der Gesellschaft.

Dieser verbindende und einheitsstiftende Antiaristokratismus,
dem beispielsweise Friedrich Schiller auf der Bühne flammenden
und weitwirkenden Ausdruck verlieh, hat nicht zuletzt bewirkt, daß
die neuen Führungskräfte, die der wirtschaftliche und gesellschaftliche Wandel emportrug, sich dezidiert antielitär gaben und immer
wieder betonten, nur die Vorhut einer ständeübergreifenden, auf
prinzipieller Gleichheit beruhenden Gesellschaft der Zukunft zu
sein. Das galt insbesondere für das seit dem Ausgang des 18. Jahrhunderts an Zahl und wirtschaftlicher Kraft vielerorts dramatisch
an Gewicht gewinnende neue Handelsbürgertum, das sich in den
Städten mehr und mehr als Konkurrenz zu den traditionellen Füh-

Tendenzen zum
Elitenkompromiß
im Bildungsbürger-
tum

rungsgruppen, nämlich dem durch Verfassung und gesellschaftli-
ches Ansehen privilegierten Patriziat, etablierte. Weniger galt es für
das, vielfach beamtete, sogenannte Bildungsbürgertum, also für die
Juristen im staatlichen und städtischen Dienst, für Professoren, Lehrer und Ärzte und für die bürgerliche Geistlichkeit der mittleren
und unteren, in evangelischen Gebieten auch der oberen Ränge. Sie
tendierten zu einem Ausgleich zumindest mit den reformbereiten
Kräften innerhalb der alten Führungsschichten, also zu einem Elitenkompromiß, aus dem eine neue, ständeübergreifende Führungsschicht von Adel und Bürgertum hervorgehen sollte. In den Freimaurerlogen, den verschiedenen Orden und in den ersten Vereins-
bildungen wird das konkret faßbar.

Im Zuge der Revolutionierung der mitteleuropäischen Staaten-

welt im Gefolge der Revolutionskriege und der Herrschaft Napoleons hat sich die Mehrzahl der neuen bzw. in der jetzigen Form neugeschaffenen Staaten in ihrer praktischen Politik von diesem Modell eines Elitenkompromisses leiten lassen. Das entsprach der „Revolution von oben", zu der sich diese Staaten auf politischem, aber
auch auf sozialem und wirtschaftlichem Gebiet aus Gründen ihres
inneren Zusammenhaltes veranlaßt sahen, sowie der antiaristokrati-
schen Wendung, die damit auf vielen Gebieten verbunden war. Es
entsprach aber auch der Tatsache, daß die leitenden Männer dieser
Staaten, wie beispielsweise Graf Montgelas in Bayern, in den Jahren davor zu den Hauptwortführern und -trägern jenes Konzepts
gehört hatten. So kam es nach der Jahrhundertwende sowohl in den
Rheinbundstaaten als auch in Preußen unter Führung des Staates zu
einem Bündnis zwischen reformerischem Adel, weiten Kreisen des
sogenannten Bildungsbürgertums und Teilen des Wirtschaftsbürger-
tums, die, auch wenn sie dem bürokratischen Anstaltsstaat traditio-
nell kritisch gegenüberstanden, aus ihrer unmittelbaren Interessenlage heraus auf den sich neu orientierenden Staat und seine Reform-
bürokratie setzten.

Mit dem Sieg der Koalition der alten Monarchien über Napoleon und mit der vor allem von Metternich zum Programm erhobenen Wiederherstellung des alten Bündnisses von Thron und Adel
bzw. Thron und Altar kam es dann freilich zu einer neuerlichen
grundlegenden Veränderung der Rahmenbedingungen und der
Grundkonstellation. Durch die schrittweise Entmachtung der Re-
formbürokratie, die Zurückdrängung der mit ihr sympathisierenden
Fraktionen in Adel und Bürgertum sowie die gezielte Begünstigung
der „altständischen" Elemente und eine planvolle „Rearistokrati-
sierung" der obersten Staatsverwaltung – und des Militärs – zunächst in Preußen und Österreich, dann aber auch in vielen der
mittleren und kleineren Staaten sahen sich zugleich jene bestätigt,
die den Konflikt mit der alten aristokratischen Führungsschicht für
unausweichlich erklärt und in diesem Sinne zur Bildung einer anti-
aristokratischen (und antipatrizischen) Einheitsfront aufgerufen
hatten. Fortan dominierte bis hin zur 48er Revolution der teils offene, teils latente Konflikt zwischen den traditionellen und den neu
emporkommenden bürgerlichen Führungsschichten.

Ihren Kern bildeten auf der einen Seite der grundbesitzende
Adel und die konservative hohe Bürokratie bzw. Militärführung,
auf der anderen das in den Städten immer eindeutiger dominie-
rende Handelsbürgertum sowie die liberale Intelligenz in der Beam-

Entstehung und
Formierung kon-
kurrierender Eliten

tenschaft, in den freien Berufen und an den Universitäten. Beide Lager formierten sich über die sich nach 1815 rasch ausweitende Presse und Publizistik, in den Vereinen und in inoffiziellen Gesprächskreisen, im Rahmen der Berufswelt und der beruflichen Vereinigungen und vor allem zunehmend auf der politischen Ebene, in den Selbstverwaltungsinstitutionen und insbesondere, soweit die betreffenden Staaten bereits Verfassungsstaaten waren, in den Parlamenten. Die wachsende Politisierung der Konkurrenzverhältnisse und Konflikte zwischen den alten und neuen Führungsschichten wurde neben ihrer Akzentuierung geradezu zu einem Signum der Epoche, der Zeit des Übergangs von der ständischen zur bürgerlichen Gesellschaft.

Schrittweise ist dabei durch die Forschung in den vergangenen Jahren immer deutlicher geworden, in wie starkem Maße sich die alte Führungsschicht, sprich vor allem der Adel, auf allen Ebenen, auf der ökonomischen, der sozialen, der politischen und in der sich in raschem Tempo verändernden Berufswelt zu behaupten vermochte.

Behauptung des
Adels

Als Grund- bzw. Gutsherr und auch als „Fürstendiener" in Militär, Diplomatie und Verwaltung, aber auch in der gewerblichen Wirtschaft bis hin zu dem Aufbau industrieller Unternehmungen – man denke etwa an die schlesischen Magnaten –, gelang es vielen Vertretern des Adels, die Aushöhlung und langsame Auflösung ständischer Rechte und Privilegien durch die Übernahme „bürgerlicher" Effektivitäts- und Leistungskriterien und die an ihnen orientierten und auf sie zielenden Ausbildungswege sowie durch die Anpassung ihres Wirtschaftsverhaltens an die neuen Markt- und Produktionsverhältnisse zu kompensieren – wobei sie allerdings, gerade was die Landwirtschaft und frühe Formen der „Hausindustrie" angeht, an alte, vom Adel selbst entwickelte und gepflegte Traditionen anknüpfen konnten. Es wäre eine Verzerrung der realen Verhältnisse, wollte man, wie gelegentlich geschehen, die auf vielen Gebieten durchaus erfolgreiche Selbstbehauptung des Adels im Deutschland des 19. Jahrhunderts allein oder auch nur vornehmlich auf die Protektion durch den monarchisch-bürokratischen Anstaltsstaat zurückführen.

Eine derartige Protektion hat es fraglos in vielen deutschen Staaten, vor allem in Preußen und Österreich, in starkem Maße gegeben; wie sich die Situation ohne sie entwickelt hätte, darüber läßt sich nur spekulieren. Tatsache aber ist, daß die sogenannte bürgerliche Gesellschaft gerade über die sich noch lange, wenngleich vielfach von anderen Grundlagen aus behauptende Führungsschicht der überlieferten, der ständischen Gesellschaft, insbesondere in ihrer Spitze ständische Elemente in sich aufnahm. Solche Elemente haben im weiteren Verlauf nicht unerheblich zur klassenförmigen Verfestigung dieser Gesellschaft beigetragen. Eine solche Verfestigung resultierte eben nicht nur aus den wachsenden Unterschieden von Einkommen und Besitz, sondern spiegelte zugleich die aus der ständischen Welt überlieferten, wesentlich vom Adel verkörperten und hochgehaltenen hierarchischen Rangunterschiede wider, an denen sich zunehmend auch das neue Bürgertum, auch und nicht zuletzt das Bildungsbürgertum mit seinen sich immer stärker ausprägenden berufsständischen Elementen, orientierte.

Ständische Residuen in der bürgerlichen Gesellschaft

Von einer „Feudalisierung" der sich aus dem Wirtschafts- wie aus dem Bildungsbürgertum schrittweise konstituierenden und verfestigenden neuen bürgerlichen Führungsschicht aus Kaufleuten, Unternehmern, hohen Beamten, Professoren und Vertretern der freien Berufe kann man allerdings nur begrenzt sprechen. Nicht nur blieb das antiaristokratische Element gerade auch im Handels- und Industriebürgertum vielfach sehr ausgeprägt – Alfred Krupp etwa bietet mit seiner entschiedenen Frontstellung gegen den Adel dafür ein sehr bezeichnendes Beispiel. Wichtiger waren die fortdauernde Orientierung an der individuellen Leistung und vor allem die Tatsache, daß sich die ökonomischen Grundlagen der sozialen Stellung des einzelnen und seiner Familie nicht rechtlich einhegen, geschweige denn garantieren ließen, was ja eines der entscheidenden Elemente des sogenannten Feudalsystems gewesen war. Das Bürgertum blieb von daher, und zwar nicht nur in seiner eigentlichen Aufstiegsphase im Übergang von der ständischen zur bürgerlichen Gesellschaft, eine prinzipiell offene soziale Gruppe, offen für den sozialen Aufstieg, aber ebenso für den sozialen Abstieg. Das machte seine soziale Dynamik aus, der die alte adlige Führungsschicht als Stand und soziale Gruppierung schließlich doch erlag.

Keine „Feudalisierung" der neuen bürgerlichen Führungsschichten

7. Alte und neue Konfliktlinien

Faßt man die mitteleuropäische Gesellschaft des ausgehenden 18. Jahrhunderts als ganze ins Auge und fragt nach den in ihr, jenseits aller Einzelheiten, vorherrschenden Konfliktlinien, so treten zwei sehr deutlich hervor: einmal diejenige zwischen dem Adel als dem Hauptexponenten und Hauptnutznießer der ständischen, der „feudalen" Ordnung auf der einen Seite und dem Bürgertum sowie

Doppelte Frontbildung in der Gesellschaft

der ländlichen Bevölkerung auf der anderen Seite; und zum anderen diejenige zwischen Bürgertum und ländlicher Bevölkerung unter Einschluß von Teilen des Adels gegen den immer tiefer in die Gesellschaft eingreifenden monarchisch-bürokratischen Anstaltsstaat. Beide Konfliktlinien überschnitten sich nicht nur teilweise, sondern durchkreuzten sich auch gelegentlich. Das führte dazu, daß beispielsweise in den Städten die Spannungen zwischen Kaufleuten und zünftisch organisierten Handwerkern, aber auch zwischen diesen beiden Gruppen und den Vertretern der traditionellen Führungsschicht zurücktraten gegenüber der gemeinsamen Abwehrhaltung, mit der man den Ansprüchen des Zentralstaates und seiner Bürokratie begegnete. Ähnliches gilt, wenngleich in vermindertem Maße, im ländlichen Bereich für die Beziehungen zwischen den Grundherren und den von ihnen Abhängigen. Auch hier wurden mancherorts die Eingriffe des Staates als bedrohlicher empfunden als die, zumal im Süden und Westen Deutschlands, eher milder werdenden Belastungen durch die alte Ordnung.

Folgen　　Die Folge war, daß die Einheitsfront des sogenannten Dritten Standes, die sich 1789 in Frankreich als ein so mächtiger Faktor erwies, in Mitteleuropa am Ausgang des Ancien Régime nicht so ausgeprägt war, hingegen die Spannung zwischen der Gesellschaft auf der einen Seite und dem expandierenden Staat des aufgeklärten Absolutismus auf der anderen laufend zunahm. Sie wurde ihrerseits ein wenn nicht einheitsstiftendes, so doch verbindendes Element in dieser Gesellschaft und ließ viele ihrer Vertreter auf die soziale Evolution setzen: auf einen organischen Übergang zu einer neuen gesellschaftlichen Ordnung ohne reglementierende und entmündigende Eingriffe eines von der Gesellschaft nicht kontrollierten Staates.

Darin steckte dann freilich der Keim für die Ausbildung einer neuen Konfliktlinie. Ein erheblicher Teil der Vertreter der Aufklärung setzte nämlich eindeutig auf den Staat des sogenannten aufgeklärten Absolutismus und seine Reformbereitschaft auch in gesellschaftlicher und ökonomischer Hinsicht. Die Wortführer dieser Fraktion bezweifelten, daß die Gesellschaft, in gegensätzliche Interessenlager zerrissen, aus sich heraus in der Lage sein werde, die nötigen Reformen mit der nötigen Konsequenz in Angriff zu nehmen und durchzusetzen. Dazu sei, so Hegel schließlich in dieser Tradition, kein einzelner Stand und auch keine Allianz von Partikularständen der alten, überlieferten Gesellschaft in der Lage, sondern nur ein Stand über den Ständen, ein „allgemeiner Stand" mit Ausrichtung auf das Interesse des Gemeinwesens als Ganzes. Einen sol-

Auseinandersetzungen um die Rolle des Staates

chen „allgemeinen Stand" aber repräsentiere in einer Epoche des
welthistorischen Übergangs gerade auch in gesellschaftlicher Beziehung nur die auf das Gemeinwohl verpflichtete staatliche Bürokratie.

Dem haben frühe Liberale wie Karl von Rotteck oder Carl
Theodor Welcker leidenschaftlich widersprochen, auch wenn sie
durchaus das Dilemma sahen, daß die vorherrschenden Kräfte der
alten Gesellschaft, also vor allem der Adel, stets bestrebt sein wür-
den, wirklich einschneidende soziale Reformen wenn nicht zu verhindern, so doch zu verwässern. Sie suchten diesem Dilemma dadurch zu entgehen, daß sie, im Vertrauen auf die wachsende Stärke
des (städtischen) Bürgertums als Vorhut der Gesellschaft der Zukunft, gleichsam für einen Zweifrontenkrieg eintraten, indem sie
der in Frankreich so erfolgreichen Idee des Dritten Standes mit ihrer scharfen Wendung gegen die Privilegierten der „feudalen" Gesellschaft zugleich einen entschieden antietatistischen Akzent gaben.
Das hatte in der Praxis den zusätzlichen Vorteil, daß sich von hier
aus der Kampf gegen die alte „feudale" Agrarverfassung verbinden
ließ mit dem entschiedenen Eintreten für die kommunale Autonomie, die ihrerseits im Interesse der politischen Mehrheitsbildung einen Ausgleich zwischen den verschiedenen Interessengruppen, darunter auch Anhängern und Kritikern der überlieferten korporativen
Wirtschaftsverfassung, erforderte. Daraus erklärt sich, daß ein
Mann wie Karl von Rotteck immer wieder nachdrücklich für grundlegende Agrarreformen im Sinne der Beseitigung aller grundherrlichen Lasten eintrat und gleichzeitig riet, im Hinblick auf die Ge-
werbe- und Handelsfreiheit nichts zu überstürzen und Änderungen
nur im Einvernehmen einer Mehrheit aller Beteiligten und Betroffe-
nen vorzunehmen.

Das war vom Prinzip her inkonsequent. Dahinter aber stand
ein sehr klares politisches und vor allem gesellschaftspolitisches
Konzept: Nur innerhalb des Dritten Standes, der sich als Einheit
vor allem in Frontstellung gegen den Adel konstituiert habe und
auch weiterhin, im Kampf gegen die alte Agrarverfassung, konstitu-
ieren werde, seien tragende, den Weg in die Zukunft nicht versper-
rende Kompromisse möglich. Ihr natürlicher Vermittler sei das
städtische Bürgertum, das in sich eine Vielfalt von Interessen verei-
nige und gleichsam von Tag zu Tag zum Ausgleich bringe. Dieses
Bürgertum bilde damit zugleich das Modell, die Vorhut der Gesellschaft der Zukunft, sei in diesem Sinne ein wahrer „allgemeiner
Stand". Die bürgerliche Gesellschaft sei in solchem Verständnis

Die Position des
frühen Liberalis-
mus

Das Bürgertum als
„allgemeiner
Stand"

nicht ein bloßes „System der Bedürfnisse", wie Hegel sie definierte,
ohne ein wirkliches Bewußtsein ihrer selbst und die Fähigkeit, entsprechend zu handeln, sondern *„res publica sive societas civilis"* im
aristotelischen Sinne, wie er in der sich selbst regierenden Bürgergemeinde modellhaft verwirklicht sei.

Gerade in deren Schoß akzentuierte sich dann allerdings im
Verlauf der ersten Hälfte des 19. Jahrhunderts, speziell im sogenannten Vormärz, also in den zwei Jahrzehnten vor Ausbruch der
Revolution von 1848/49, eine weitere Konfliktlinie, die schließlich
eine wesentlich veränderte Konstellation schuf. Mit der stürmischen
Vermehrung der Bevölkerung und dem Herausfallen einer zunehmenden Zahl von Menschen aus dem überlieferten System der „gesicherten Nahrung", der alten korporativen Wirtschaftsordnung,

Das neue Problem:
Der Pauperismus

entwickelte sich, konzentriert auf die Städte, eine neuartige Massenarmut, der Pauperismus. Vielfach an der Grenze des Existenzminimums lebend, sah sich dieses ständig wachsende Heer der neuen
Armen je länger, je weniger durch das neue Bürgertum und seine
immer wohlhabender werdende Führungsschicht aus Kaufleuten
und größeren Gewerbetreibenden einschließlich den ersten Unternehmern repräsentiert. Im Gegenteil: Die wachsenden ökonomi-

Wachsende ökono-
mische und soziale
Spannungen

schen und sozialen Spannungen zwischen diesen beiden Gruppen
zerstörten Schritt für Schritt die – politische wie gesellschaftliche –
Einheit der bürgerlichen Bewegung, bis hin zu ihrer Spaltung im unmittelbaren Vorfeld der Revolution von 1848/49. Aus dem von Rotteck proklamierten Zweifrontenkrieg drohte so mehr und mehr ein
Dreifrontenkrieg zu werden, in dem zudem ganz neue Allianzen
möglich schienen.

Ende des 18. Jahrhunderts hatte Goethe, noch aus der Perspektive der ständischen Welt, eine dieser möglichen Allianzen beschwo-
ren: „Wenn aber sich Ritter und Bauern verbinden", hatte er in den
„Zahmen Xenien" gereimt, „da werden sie freilich die Bürger

Perspektive neuer
Allianzen

schinden." Einer solchen Verbindung zwischen der ländlichen Bevölkerung und der alten Führungsschicht, dem Adel, konnte, kon-
kurrierend oder ergänzend, eine solche zwischen jener und dem
Staat zur Seite treten. Und dieses Bündnis konnte sich auch auf
Teile der städtischen Unterschichten ausweiten. Das wurde 1848 das
Konzept der Jungkonservativen um Otto von Bismarck. Daneben
traten erste Wortführer einer Machtergreifung des nun sogenannten
Vierten Standes auf, der ländlichen und städtischen Unterschichten,
ebenfalls in klarer Frontstellung gegen das besitzende Bürgertum,
gegen die Bourgeoisie.

In Reaktion darauf regten sich erste Stimmen im Lager dieses
Bürgertums, die erklärten, seine Wortführer und Vertreter müßten
sich nun entscheiden, ob sie einen Ausgleich mit der alten Füh- Entscheidungskon-
rungsschicht oder mit dem monarchischen Staat in seiner bestehen- stellation für das
den Form oder gar mit beiden anstreben oder ob sie auch in der ver- Bürgertum
änderten Situation versuchen wollten, ihre Hauptziele – sicher nun
unter Verzicht auf die Idee einer klassenlosen Bürgergesellschaft –
aus eigener Kraft durchzusetzen. Die Revolution von 1848/49 legte
die neue Situation und Konstellation und die Alternativen, die sich
von hier aus stellten, endgültig offen und wirkte zugleich als eine
Art Katalysator. Die eigentliche Ursache aber hatte die Revolution
weder geschaffen noch verändert. Sie bestand in einem grundlegenden Wandel der Struktur der Gesellschaft vor allem an der Basis der
sozialen Pyramide, das heißt in dem, was die Zeitgenossen die „soziale Frage" nannten.

8. Die „soziale Frage"

Unter „sozialer Frage" verstehe man, so ein modernes Konversa-
tionslexikon, „die Gesamtheit der sozialpolitischen Probleme, die
sich im Industriezeitalter (19./20. Jahrh.) aus dem Vorhandensein
der besitzlosen Klassen (s. Proletariat) und den daraus folgenden
gesellschaftl. Spannungen ergeben haben (s. Sozialpolitik)". In diesem Satz spiegelt sich die Zählebigkeit längst widerlegter wissen-
schaftlicher Ansichten. Denn mittlerweile besteht in der Forschung
weitgehende Einigkeit, daß die sogenannte soziale Frage zunächst Der Pauperismus
ein Problem gerade der vorindustriellen Gesellschaft gewesen ist als Phänomen der
und daß die Industrialisierung schließlich entscheidend dazu beige- vorindustriellen
tragen hat, dieses Problem, also die vielfach die physische Existenz Gesellschaft
bedrohende Massenarmut, schrittweise zu überwinden. Und auch
darüber besteht weithin Einigkeit, daß es, vor dem Hintergrund einer geradezu explosionsartigen Bevölkerungsvermehrung, gerade
jener Übergang von der alten, gebundenen Wirtschaftsordnung und
ihren Produktionsweisen zu neuen Ordnungen und Verhältnissen
gewesen sei, der diese spezifische Form der sozialen Frage, den Pauperismus, erzeugt habe.

  Allerdings ist bei näherem Hinsehen deutlich geworden, daß Ursachen des
die Gründe für die fortschreitende Verarmung der um 1800 rund die Pauperismus
Hälfte der mitteleuropäischen Bevölkerung umfassenden sogenannten Unterschichten von Gruppe zu Gruppe und von Region zu Re-

gion sehr unterschiedlich waren. So kamen etwa zu der von Wilhelm Abel – auf der Basis genauer Analysen von Lohn- und Preisreihen – für die noch überwiegend agrarische Gesellschaft ganz allgemein diagnostizierten wachsenden „Spannung zwischen Bevölkerung und Nahrungsmittelspielraum" seit dem Spätmittelalter in jenen Gebieten, in denen es eine ländliche Hausindustrie gab, noch spezielle Faktoren hinzu: Aufbauend auf der traditionellen Familienwirtschaft, ging von dieser „Protoindustrialisierung" ein starker Impuls aus, die Zahl der heimischen Produzenten, und das hieß der Kinder, zu steigern und gleichzeitig die Konkurrenz zu „unterhungern" – ein Teufelskreis, der die Verarmung auf längere Frist nur noch weiter beschleunigte. Auch unterschieden sich die Gruppen, die von dem sogenannten Pauperismus erfaßt wurden, in den einzelnen Regionen. Dort wo, wie auf dem linken Rheinufer in der Zeit der französischen Herrschaft und wie in Preußen nach 1806, die Gewerbe mehr oder weniger freigegeben wurden, ergriff der Pauperismus mit der Überbesetzung vieler Gewerbe auch Teile der Handwerkerschaft. Dort wo die Regierungen, wie in den meisten Gebieten des außerpreußischen Deutschland, das Handwerk und seine „Nahrung" gezielt schützten – ohne freilich auch hier im weiteren Verlauf die Überbesetzung mancher Gewerbe verhindern zu können –, konzentrierte er sich auf die darunterliegenden Schichten. Diese Schichten wuchsen hier jedoch ihrerseits überproportional an, so daß zwischen den preußischen und den nichtpreußischen Gebieten in der ersten Hälfte des 19. Jahrhunderts, was die Zahl der „Armen" anging, kaum ein Unterschied bestand. Insofern beschreibt die Formel von der sich immer weiter öffnenden Schere zwischen Bevölkerungszahl und Nahrungsspielraum, bei aller Unterschiedlichkeit der Gründe für die Entstehung der Massenarmut im einzelnen, den übergreifenden zentralen Befund.

Dieser Befund alarmierte die Zeitgenossen insofern in besonderer Weise, als er das Ergebnis einer langfristigen und offenbar nicht aufzuhaltenden Entwicklung zu sein schien. Was der englische Nationalökonom und Sozialphilosoph Robert Malthus noch vor dem gewaltigen Bevölkerungsschub der ersten Jahrzehnte des 19. Jahrhunderts in seiner Schrift „An Essay on the Principle of Population" von 1798 als ein ehernes Gesetz formuliert hatte, fand offenbar immer mehr seine dramatische Bestätigung: daß die ökonomischen Ressourcen nicht ausreichten, eine ständig wachsende Bevölkerung zu ernähren und alles in gewaltigen Hungerkatastrophen mit unabsehbaren gesellschaftlichen und politischen Folgen enden

Zusammenhang zwischen Gewerbefreiheit und Pauperismus?

Die Thesen von Malthus

werde. Hinzu kam, daß nicht nur das Ausmaß und die Dynamik des Verarmungsprozesses breiter Bevölkerungsschichten viele Zeitgenossen aufs höchste beunruhigten, sondern daß sich auch das Verhältnis zu Armut und Elend als solchen seit der Aufklärung grundsätzlich verändert hatte. Galt Armut bis dahin weithin als Ergebnis individuellen Versagens, wenn nicht gar individueller Schuld, eines sittlichen Gebrechens und jedenfalls als etwas, was zwar durch Mildtätigkeit zu lindern, aber als solches als gottgewollt hinzunehmen sei, so erschien sie jetzt zunehmend als Ausdruck der Gebrechen der Gesellschaft, eines Versagens derjenigen, die in ihr Verantwortung trugen. Armut, gar Massenarmut wurde nun zugleich als Symptom für den Zustand des Gemeinwesens angesehen, ihre Überwindung zum Maßstab nicht nur der Humanität, sondern der Zukunftsfähigkeit der jeweiligen Gesellschaft erklärt. Die Lösung der „sozialen Frage" rückte so in den Rang einer entscheidenden Testfrage für die Reformfähigkeit des Gemeinwesens insgesamt.

Gesellschaftliche Neubewertung der Armut

Allerdings widersprach es dem Grundansatz der Wortführer der bürgerlichen Bewegung, eine derartige Lösung etwa auf dem Wege über staatliche Interventionen zu suchen. Von ihnen wollte man die Gesellschaft ja gerade befreien und den gesellschaftlichen Kräften wieder zu ihrem Recht verhelfen – unter Umständen auch, wie die gewerbepolitischen Zielsetzungen vieler früher Liberaler zeigen, unter Bewahrung historisch gewachsener Ordnungen und Verhältnisse. So konzentrierten sich die Erwartungen und Hoffnungen bei der großen Mehrheit der bürgerlichen Bewegung letztlich ganz auf die „Selbstheilungskräfte" der Gesellschaft, also darauf, daß sich die immer brennender werdende und als immer brennender empfundene „soziale Frage" der Gegenwart als ein bloßes Übergangsphänomen von der überlieferten, der ständischen, zur neuen, der bürgerlichen, Gesellschaft erweisen werde.

Die Antwort der frühen Liberalen

Man kann also einerseits nicht sagen, daß die Vertreter der bürgerlichen Bewegung, die Wortführer einer neuen gesellschaftlichen Ordnung, die Bedeutung der sogenannten sozialen Frage verdrängt oder auch nur unterschätzt hätten. Im Gegenteil, sie haben sie in ihrer Mehrheit gerade in Deutschland nachhaltig akzentuiert und geradezu zum Gradmesser der gesellschaftlichen Entwicklung, des sozialen Fortschritts erklärt. Andererseits aber hielten sie in Sorge vor staatlichem Interventionismus – für den unter anderem erste sozialpolitische Maßnahmen der Jakobiner ein immer wieder zitiertes abschreckendes Beispiel lieferten – und vor neuer Bevormundung der Gesellschaft an der Idee einer Art prästabilierter Harmonie der

Idee einer „prästabilierten Harmonie" der sozialen Ordnung

Sozialordnung fest, die durch den „Feudalismus", die ständische Welt, nur verformt worden sei und nach deren Überwindung gleichsam automatisch hervortreten werde.

Das war eine von Anfang an zur Ideologie tendierende Konzeption. Sie wurde vollends zur Ideologie, als sich mit der Verschärfung der sozialen Frage im Verlauf der ersten Hälfte des 19. Jahrhunderts auch die sozialen Konflikte vermehrten und steigerten und dabei der politische und gesellschaftliche Führungsanspruch des Bürgertums und seiner Vertreter zunehmend in Frage gestellt wurde und mit ihm zugleich Grundprinzipien der sich abzeichnenden neuen, der bürgerlichen Gesellschaft.

Wachsende Konflikte und soziale Unruhen — Diese Konflikte, die bis dahin meist nur indirekt, in ihrer Widerspiegelung in der Entwicklung der politischen Gruppen und Parteien vor allem in den vierziger Jahren des 19. Jahrhunderts, in den Blick gekommen waren, sind in den letzten Jahren verstärkt erforscht und analysiert worden. Dabei galt die Aufmerksamkeit zunehmend den inneren Motiven der einzelnen Gruppen der an jenen Konflikten beteiligten Unterschichten, soweit sie sich aus ihrem Protestverhalten und ihren zentralen Forderungen erschließen lassen.

Insgesamt folgten, so wie es sich heute darstellt, die an Zahl und Umfang erheblich zunehmenden, sich in Protesten und Unruhen entladenden sozialen Konflikte in ihren Antrieben wie in ihren Formen zunächst weitgehend dem Schema der Unruhen in der ständischen Welt. Entscheidend waren zumeist Verletzungen dessen, was mit dem Begriff und der Vorstellung von einer „moral economy" zu umschreiben ist, d. h. ein auf die Wechselseitigkeit von Schutz und Hilfe, von Fürsorge und Leistung gegründetes soziales Zusammenleben. Dieses Zusammenleben sahen die Wortführer jener Vorstellungen im jeweiligen Einzelfall wie einst in der ständischen Welt nun auch, ja, in verstärktem Maße in der neu heraufziehenden bürgerlichen Welt durch das Verhalten und Handeln derjenigen bedroht, die über Besitz und Herrschaft verfügten. Da sich die Proteste zumeist gegen Veränderungen richteten, haben sie schon die Zeitgenossen vielfach als Widerstand gegen den wirtschaftlichen Charakter der Proteste — und gesellschaftlichen, auch den politischen Wandel, also als „konservativ" eingestuft. Das wird jedoch ihrem Charakter nur zum Teil gerecht. Viele der an den Protesten Beteiligten bejahten mit den Vertretern der bürgerlichen Bewegung die Grundprinzipien dieses Wandels, nicht zuletzt in politischer Hinsicht. Sie wandten sich nur gegen das, was sie als egoistischen, als unsozialen Mißbrauch jener

Prinzipien verstanden, und gegen die neuerliche Bevormundung auch durch Vertreter und Wortführer der neuen Ordnung. Ein deutliches Indiz für diese Haltung liefert die Tatsache, daß sich im Vorfeld und in der Revolution von 1848/49 ein erheblicher Teil der in Unruhe und Bewegung geratenden Unterschichten zum bürgerlich-liberalen Lager bekannte und dessen politisch linken Flügel unterstützte. Die eigentliche Trennung der „bürgerlichen" von der „proletarischen Demokratie" (GUSTAV MAYER) hat sich, wie die Formierung des popularen konservativen Lagers, erst später, in den fünfziger und sechziger Jahren, vollzogen.

Das verweist zugleich auf einen tiefgreifenden inneren Gestaltwandel der sich ausformenden neuen bürgerlichen Gesellschaft. Aus diesem Gestaltwandel ergibt sich die Frage, ob man nicht sogar von einem eigenständigen Typus einer frühen bürgerlichen Gesellschaft in der Phase des Übergangs von der ständischen zur bürgerlichen Welt sprechen muß – von einem Typus nämlich, bei dem das Versprechen einer künftigen ständeübergreifenden und schließlich stände- und damit auch klassenlosen Gesellschaft, das die Aufklärung und die Vertreter der bürgerlichen Bewegung gegeben hatten, nicht bloß nur ein Versprechen war, sondern zumindest vorherrschenden Tendenzen der sozialen Realität entsprach. An diese Frage schließt sich die weitere an, ob die bürgerliche Gesellschaft tendenziell immer schon Klassengesellschaft war oder ob die Entwicklung zu einer solchen Klassengesellschaft hin das Ergebnis besonderer Umstände und Vorgänge, insbesondere der Industrialisierung, darstellte – und ob der Prozeß sich demgemäß auch wieder umkehren bzw. eine neue Richtung einschlagen konnte, wenn sich die Konstellation erneut veränderte.

Gestaltwandel der neuen bürgerlichen Gesellschaft

9. Die frühe bürgerliche Gesellschaft als eigenständiger Typus?

Die Tatsache, daß sich die bürgerliche Gesellschaft ganz anders entwickelt hat, als von ihren frühen Wortführern vorausgesagt worden war, ist von den Kritikern dieser Gesellschaft auf konservativer wie auf entschieden linker Seite, angefangen bei den Frühsozialisten bis hin zu Marx und Lenin, immer wieder dahin gedeutet worden, daß die Ideen und Theorien jener Wortführer der bürgerlichen Gesellschaft einen bloßen „Überbau", eine Ideologie dargestellt hätten.

Die Kritiker der bürgerlichen Gesellschaft

Ihre Funktion sei es gewesen – auch wenn der eine oder andere ihrer Vertreter das nicht durchschaut habe – die harten Realitäten, nämlich das Entstehen einer rücksichtslosen Klassengesellschaft zu verdecken, der gegenüber die ständische Gesellschaft, bei allen ihren Schwächen und Ungerechtigkeiten, geradezu eine Gesellschaft des sozialen Ausgleichs und der Mitmenschlichkeit gewesen sei. Zwar liege, so Marx, die Entwicklung hin zu dieser Klassengesellschaft in der Logik des historischen Prozesses, sei in dessen inneren Gesetzen begründet. Sie sei insofern unvermeidbar, notwendig und unumkehrbar. Aber zugleich treibe sie auch die geistige und moralische Selbstentfremdung des Menschen, wie sich nicht zuletzt an der ideologischen Begründung und Verbrämung dieser Gesellschaftsordnung zeige, bis an einen äußersten Punkt.

Die dahinter stehende Hegelsche Konzeption, daß der historische Prozeß an sich „vernünftig" sei, daß er stets das jeweils Wesentliche aus sich hervortreibe und entwickele und daß sich seine inneren Widersprüche bis zum Erreichen eines endgültigen Ziels nur in grundsätzlichen Antithesen Bahn brechen könnten, ließ und läßt bei vielen Betrachtern bis heute die Annahme zurücktreten, daß alternative, zeit- und umständegebundene Entwicklungen aus den gleichen Wurzeln und mit sehr ähnlichen Antriebs- und Wachstumskräften möglich gewesen sind. Es wird meist ausgeschlossen, daß ein bestimmtes politisch-soziales System nicht nur unterschiedliche Erscheinungsformen entwickeln, sondern sich auch in ganz unterschiedlichen Typen im Sinne Max Webers ausprägen kann, wobei der eine Typus nicht notwendigerweise aus dem anderen hervorgehen muß, vielmehr je nach den zeitlichen und sonstigen Bedingungen auch ein Wechsel zwischen ihnen erfolgen kann.

Lassen sich im Hinblick auf die bürgerliche Gesellschaft solche unterschiedlichen Typen unterscheiden? Aus der Perspektive der Gegenwart wird man sicher sagen können, daß die heute in der westlichen Welt vorherrschende gesellschaftliche Ordnung nach Form und Ausprägung etwas wesentlich anderes darstellt als die bürgerliche Klassengesellschaft der zweiten Hälfte des 19. Jahrhunderts, obwohl sie unzweifelhaft aus der gleichen Wurzel stammt und von sehr ähnlichen ökonomischen und gesellschaftlichen Prinzipien bestimmt ist. Diese gesellschaftliche Ordnung bildet also heute, faßt man ihre einzelnen Elemente zusammen, einen eigenen Typus der „bürgerlichen Gesellschaft". Ein wesentliches Element ist dabei die Betonung der Rechts- und Chancengleichheit aller Mitglieder der Gesellschaft, aber auch, eng damit zusammenhängend, die Beja-

Unterschiedliche
Typen von bürger-
licher Gesellschaft

hung des Sozialstaates und die Bejahung interventionistischer Maßnahmen im Sinne der Rechts- und Chancengleichheit und der sozialen Gerechtigkeit.

Beides ist zugleich, in der Tradition der demokratischen Bewegungen des 19. Jahrhunderts, unmittelbar verknüpft mit dem Bekenntnis zum parlamentarisch-demokratischen System auf der
Grundlage gleicher Partizipationschancen. Zwar sind gerade in die **Ähnlichkeiten zwi**
ser Hinsicht wie auch im Hinblick auf die Frage staatlicher Ein **schen dem moder**
nen und dem frü
griffsrechte in die Gesellschaft die Unterschiede zur frühen bürgerli **hen bürgerlichen**
chen Gesellschaft der ersten Hälfte des 19. Jahrhunderts sehr deut **Typus**
lich. Bezüglich der Betonung des Grundsatzes der Rechts- und
Chancengleichheit aber und des Stellenwertes dieses Grundsatzes
nicht zuletzt im gesellschaftlichen Ziel- und Erwartungshorizont
gibt es viel Vergleichbares zwischen jener frühen Ausformung der
bürgerlichen Gesellschaft und ihrer modernen Erscheinungsform.
Beide heben sich in dieser Beziehung deutlich ab von der bürgerlichen Klassengesellschaft der zweiten Hälfte des 19. Jahrhunderts,
während sie sich in anderer Hinsicht jeweils an unterschiedlichen
Stellen mit dieser berühren: die moderne bürgerliche Gesellschaft
vor allem hinsichtlich ihrer industriewirtschaftlichen Grundlagen
und ihrer sozialen Zusammensetzung, die frühe bürgerliche Gesellschaft insbesondere in ihrer Betonung einerseits des Führungsanspruchs des Bürgertums, andererseits hinsichtlich ihrer noch engen
Verzahnung mit Elementen und führenden Kräften der ständischen
Welt und der ständischen Gesellschaft, die seither ganz versunken
sind.

Schon ein solcher globaler Vergleich macht deutlich, daß es in
vieler Hinsicht sinnvoll ist, von einem eigenen Typus einer frühen **Erkenntniswert von**
bürgerlichen Gesellschaft zu sprechen. Denn alle die genannten **Typenbildungen**
Faktoren treten nur dann deutlich hervor, wenn man, und das ist ja
der Sinn jeder Typenbildung in der Tradition Max Webers, jene
verschiedenen Ausprägungen der bürgerlichen Gesellschaft typologisierend jeweils als Einheit faßt. Dabei werden dann auch
rasch weitere bestimmende und zugleich unterscheidende Elemente
deutlich.

Zu ihnen zählt das Verhältnis zum Adel, zur Führungsschicht
der ständischen Gesellschaft, das sich nach 1849 in starkem Maße **Bestimmende Ele**
wandelte, von entschiedener Gegnerschaft zu vielfältigen Formen **mente der frühen**
bürgerlichen
der Symbiose. Zu ihnen zählt ferner die enge Verbindung zwischen **Gesellschaft**
den verschiedenen bürgerlichen Gruppen vom Großkaufmann und
akademisch gebildeten Juristen bis zum Handwerker und Klein

händler, also den später dann gern als Kleinbürger bezeichneten Schichten. Diese Verbindung wurde gerade von den ökonomisch wie politisch und gesellschaftlich aufsteigenden Kräften des Bürgertums sehr bewußt gefördert bis hin zum Verzicht auf gewerbepolitische Reformen, die eine solche große Koalition der bürgerlichen Gruppen im Rahmen der jeweiligen Stadt bedroht hätten. Auch das entschiedene Eintreten für die Interessen der ländlichen Bevölkerung im Sinne der Idee der Einheit des Dritten Standes gehört zu den Charakteristika jenes Typus der frühen bürgerlichen Gesellschaft. Sie fanden ihren deutlichsten Ausdruck in dem Gedanken der klassenlosen Bürgergesellschaft der Zukunft, deren Vorhut das neue, auf Bildung und individueller Leistung gründende Bürgertum bilde und deren Modell die sich selbst verwaltende und frei entwikkelnde stadtbürgerliche Gesellschaft darstelle.

Konzeption einer offenen Gesellschaft Es war die Konzeption einer offenen Gesellschaft, von der das gebildete und besitzende Bürgertum nach 1849 dann Schritt für Schritt Abschied nahm. Sicher fielen Konzeption und Wirklichkeit schon vor 1848 deutlich auseinander. Das soziale Spektrum der seit dem Ausgang des 18. Jahrhunderts überall entstehenden allgemeinen bürgerlichen Vereine entsprach durchaus nicht der ständeübergreifenden Zielsetzung der Gründungsprogramme. Die politischen *Grenzen dieses Modells* Partizipationsrechte blieben auch auf der Ebene der Gemeinde weitgehend an die überlieferten ständischen Kriterien gebunden und wurden im weiteren durch Besitzkriterien abgelöst. Und statt zu der angekündigten Nivellierung der Besitz- und Einkommensverhältnisse auf hohem Niveau, statt zur Ausbildung einer Mittelstandsgesellschaft kam es schon in den Jahrzehnten vor 1848 zu einer immer schärferen Ausprägung der materiellen Unterschiede und Distanzen zwischen den verschiedenen bürgerlichen Gruppen, von denen zwischen ihnen und den zahlenmäßig enorm anwachsenden Unterschichten ganz zu schweigen. Aber die Revolution von 1848 zeigte dann auch, daß weite Kreise der Gesellschaft all dies noch für gemeinsam überwindbar hielten, daß die jeweiligen Gruppeninteressen, so deutlich sie sich bereits geltend gemacht hatten und weiterhin geltend machten, noch nicht die alleinige Leitlinie des Handelns bildeten: Diejenigen, die ausschließlich an ein solches „Klasseninteresse" appellierten, blieben zunächst deutlich in der Minderheit.

Politischer Charakter Die frühe bürgerliche Gesellschaft war also auch politisch noch eine offene, noch keine Klassengesellschaft. Ihre Parteien waren Integrations- und Weltanschauungs-, nicht aber Interessen- und Klassenparteien. Auch das hebt sie, so deutlich auch hier jeweils die

Übergänge und Mischformen sind, als Typus von dem der Klassengesellschaft der zweiten Hälfte des 19. Jahrhunderts ab. Und noch ein weiteres kommt hinzu: Immer wieder ist seit der Aufklärung von der sozialintegrierenden, eine neue Gemeinsamkeit und Gemeinschaft bildenden Kraft einer nicht mehr schichtenspezifischen, nicht mehr ständisch gebundenen, eben einer allgemeinen Bildung die Rede gewesen und von der Bedeutung einer übergreifenden, der bürgerlichen Kultur. Der Zugang auch zu ihnen hatte natürlich in der Praxis etwas mit Besitz und Einkommen, nicht zuletzt mit der Zeit zu tun, die sich, generell und in einzelnen Lebensabschnitten, neben der eigentlichen Arbeits- und Erwerbszeit erübrigen ließ. Aber es ist doch nicht zu übersehen, daß der Gedanke einer im Prinzip jedermann zugänglichen und die Menschen auf einer neuen, höheren Ebene miteinander verbindenden Bildung und Kultur gerade in dieser Phase des Übergangs von der ständischen zur bürgerlichen Welt eine gewaltige und in der Tat schichtenübergreifende und schichtenverbindende Rolle gespielt hat. Die frühe bürgerliche Gesellschaft war auch kulturell, ja, vielleicht gerade in dieser Hinsicht, eine offene Gesellschaft, sowenig man darüber die Funktion von Bildungspatenten und die Neigung zu geistig-kultureller Kastenbildung auch in jener Zeit übersehen darf. Emanzipation durch Bildung – das war nicht nur ein Schlagwort und nicht nur ein Glaubenssatz, der bis hinein in die frühe Arbeiterbewegung immer wieder seine Wirksamkeit entfaltete, sondern umschrieb auch eine mit vielen Beispielen belegbare Wirklichkeit. Durch sie wurde jenem Typus der frühen bürgerlichen Gesellschaft vielleicht stärker als durch irgendetwas anderes ein idealistisches Pathos vermittelt, das zugleich der ganzen Epoche das Signum des Aufbruchs in einen ganz neuen Abschnitt der Menschheitsgeschichte verlieh, der jedem einzelnen nicht nur materiell zu einem seiner angeborenen Würde entsprechenden Dasein verhelfen werde.

Die zentrale Rolle einer gemeinsamen bürgerlichen Kultur

Emanzipation durch Bildung

II. Grundprobleme und Tendenzen der Forschung

1. Der Begriff der Moderne und die Konzeption der Modernisierung

Abgeleitet vom Adverb „modus", umschreibt das Adjektiv „modernus" zunächst einen „reinen Zeitbegriff, noch ohne selbständigen sachlichen Inhalt" [51: MARTINI, Modern, 391]. Es erfüllt die Funktion, „ausschließlich das historische Jetzt der Gegenwart zu bezeichnen" [49: JAUSS, Tradition, 16]. Dort aber, „wo das Wort in den Epochen von der Spätantike bis zur Romantik", so H. U. GUMBRECHT [47: Fortschritt, 375], „dazu dient, die Kultur einer in Jahrzehnten oder Jahrhunderten bemessenen Jetztzeit gegen die ihr unmittelbar vorausgehende Zeit abzusetzen, gewinnt es für die Zeitgenossen substantielle Konnotationen: ‚modernitas' ist dann jeweils durch ein Bündel von Eigenschaften definiert, auf denen die Diskrepanz zu einer ‚antiquitas' gründet". Entwicklung des Begriffs „Modern"

Einen entscheidenden Schritt weiter ging der Literaturkritiker Eugen Wolf mit seinen zehn Thesen zur literarischen Moderne von 1887, die ein Programm des künstlerischen Naturalismus formulierten. Mit dem Substantiv „Moderne" verband er neben den genannten Elementen so etwas wie die Erwartung eines Definitiven, nicht mehr Überholbaren, wie sie dann die Zeit bis in unsere unmittelbare Gegenwart, bis zur sogenannten Postmoderne, bestimmte. Eugen Wolfs Definition der „Moderne"

In dem zuletzt genannten Rahmen bewegen sich auch die sogenannten Modernisierungstheorien, die zuerst in den 50er Jahren in den USA entwickelt und formuliert worden sind. Ausdrücklich bezogen auf die Länder der „Dritten Welt", wurde in ihnen eine Art Königsweg nachgezeichnet, der es, historisch orientiert am Prozeß der Industrialisierung Westeuropas und politisch am Modell der USA [53: WEHLING, Moderne, 4], den Gesellschaften jener Länder erlauben werde, sich rasch und unter nur geringen sozialen und ökonomischen Kosten von „traditionalen" zu „modernen" Gesellschaften zu entwickeln. Modernisierungstheorien

Mitte der 60er Jahre wurde dann der Begriff der Modernisie-

Modernisierung als
„universelle Kate-
gorie"

rung aus der bisher vorherrschenden Perspektive auf die Entwick-
lungsländer gelöst und zu einer „universellen Kategorie" [50: LEP-
SIUS, Theoreme, 11] weiterentwickelt bzw. in einen „universellen
Kategorienrahmen" [52: WEHLER, Modernisierungstheorie, 11] ein-
gebunden. Es folgten Versuche „der Systematisierung der Moderni-
sierung". Die Gegenüberstellung von „traditional" und „modern"
wurde zu einem verfeinerten Katalog von deskriptiven Dichoto-
mien ausgeweitet (z. B. ländlich-agrarische/städtisch-industrielle
Gesellschaft, soziale Stabilität/soziale Mobilität, Patrimonialismus/
Bürokratie, Heiligkeit der Tradition/Legalität der Satzung etc.) [46:
FLORA, Modernisierungsforschung; 50: LEPSIUS, Theoreme; 52:
WEHLER, Modernisierungstheorie].

Allgemeiner Cha-
rakter dieses
Modernisierungs-
begriffes

    In dieser Perspektive umfaßt „Modernisierung [...] sowohl die
politische wie soziale Entwicklung und schließt auch die wirtschaftliche Entwicklung nicht aus, die jedoch meist als ‚wirtschaftliches
Wachstum' gesondert behandelt wird. Modernisierung ist andererseits ohne explizite Bezugnahme auf einen bestimmten oder historisch verwirklichten Entwicklungsstand, wie es etwa in Ausdrücken
wie ‚Europäisierung', ‚Verwestlichung', ‚Amerikanisierung', aber
auch ‚Industrialisierung', ‚Demokratisierung' der Fall ist" [50: LEP-
SIUS, Theoreme, 11]. Über den diffus-allgemeinen Charakter eines
solchen Modernisierungsbegriffes waren sich auch diejenigen
durchaus im klaren, die für eine vorsichtig-kritische Handhabung
der Rezeption der sozialwissenschaftlichen Modernisierungstheorien durch die Geschichtswissenschaft plädierten. „Modernisierung
wirkte attraktiv", so H.-U. WEHLER [52: Modernisierungstheorie,
11], „gerade wegen ihres vagen, allgemeinen, vieldeutigen, amor-
phen Charakters, obendrein weckte das Wort durchweg positive Assoziationen." Mit dem Begriff werde, so R. Bendix, nicht nur an
technische Erfindungen und industrielle Produktionssteigerung erinnert, sondern auch an Demokratisierung, Zerschlagung überkommener Privilegien und die Erklärung gleicher Bürgerrechte für alle.
Modernisierung sei „ein bestimmter Typ des sozialen Wandels, der
im 18. Jahrhundert eingesetzt hat. Er besteht im wirtschaftlichen und
politischen Vorangang einiger Pioniergesellschaften und der darauf-
folgenden Nachzügler" [45: BENDIX, Modernisierung, 505].

Die historisch-kom-
parative Moderni-
sierungstheorie

    Von den verschiedenen Varianten sozialwissenschaftlicher Mo-
dernisierungstheorien hat vor allem die historisch-komparative für
die Geschichtswissenschaft Bedeutung erlangt. Zwar haben sich die
beispielsweise von Lepsius und Wehler formulierten Erwartungen,
daß sich die Modernisierungstheorie Schritt für Schritt zu einer hi-

storisch-komparativen Gesellschaftstheorie entwickeln lassen werde, bis heute nur sehr begrenzt erfüllt. Unbeschadet dessen aber spielen modernisierungstheoretische Ansätze in der Geschichtswissenschaft weiterhin eine erhebliche Rolle. Dabei dominiert der schon von WEHLER [52] empfohlene eklektische Umgang mit den verschiedenen Modernisierungstheorien.

Mit den neuen Perspektiven und Ansätzen stellte sich zugleich das Periodisierungsproblem, die Frage nach dem eigentlichen Übergang zur modernen Welt, mit neuer Schärfe. „Ist die Reformära des frühen 19.Jahrhunderts, die gleichfalls unter dem Zwang stand, das Ancien Régime zu modernisieren", so E. FEHRENBACH, „der letzten Phase des bürokratisch-aufgeklärten Absolutismus zuzurechnen oder dem ‚Beginn der Moderne' als einer historisch ‚Neuen Zeit'?" [25: Vom Ancien Régime, 139].

Das Periodisierungsproblem: Der Übergang zur modernen Welt

Durchgesetzt hat sich trotz aller Einwände, die vor allem die Dichotomie „traditional" und „modern" kritisch in Frage stellen, die Tendenz, den Beginn der Moderne mit der europäisch-atlantischen „Doppelrevolution" zu verbinden, der wirtschaftlich-industriellen, die von England ihren Ausgang nahm, und der politisch-sozialen, die in Nordamerika und Frankreich begann. „Als Modernisierung werden bevorzugt solche Prozesse des sozialen Wandels bezeichnet", so die Definition von LEPSIUS [50: Theoreme, 12], „die sich erstens beziehen auf Strukturveränderungen, wie sie in der Zeit von 1750 bis 1830 durch die ‚englische' und Französische Revolution eingeleitet wurden und zweitens Strukturveränderungen auf Makroebene bewirkten."

Die Doppelrevolution als entscheidende Zäsur

Unterschiedlich wird, je nach Perspektive und Forschungsschwerpunkt, die Dauer der Vorlaufphase des eigentlichen Modernisierungsprozesses eingeschätzt. Für die begriffsgeschichtliche Forschung, deren Ziel es ist, die „Auflösung der alten und die Entstehung der modernen Welt in der Geschichte ihrer begrifflichen Erfassung zu untersuchen" [22: KOSELLECK, Geschichtliche Grundbegriffe, Einleitung, XIV], bildet die Mitte des 18.Jahrhunderts den Beginn einer „Sattelzeit" [ebd. XV]. Allgemein werde, so R. VAN DÜLMEN, der „Zeitraum von 1750–1850 als die eigentliche Epochenschwelle für den Beginn der Moderne" definiert. Die Ursprünge jenes Prozesses reichten jedoch bis in die Mitte des 16.Jahrhunderts zurück, da sich hier „grundlegende Dispositionen der Transformation der europäischen Gesellschaft, d.h. die herrschaftlichen, ökonomischen und kulturellen Strukturen herausgebildet" hätten, „die zusehends die hegemoniale Rolle Europas in der Weltgeschichte be-

Vorlaufphase der Moderne

Die „Sattelzeit"

gründeten". Charakteristisch für die grundlegenden Wandlungen jener Zeit seien 1. die Entstehung des Kapitalismus, 2. die Formierung
der frühneuzeitlichen Ständegesellschaft und 3. die Herausbildung
verschiedener neuzeitlicher politischer Herrschaftssysteme [63: DÜL
MEN, Formierung, 7 ff.].

Prozeßcharakter
des Übergangs:
H. SCHILLING

Auch H. SCHILLING betont das Prozeßhafte des Übergangs zur
Moderne, wobei er in der schrittweisen Auflösung der Herrschaftsrechte des Adels das entscheidende Kriterium für diesen Übergang
sieht: ein „Prozeß, der sich über Generationen hinzog und von politischen und sozialen Erschütterungen begleitet war. Vor allem im
letzten Drittel des 18. Jahrhunderts entwickelte sich eine Formierungs- und Veränderungsdynamik, die die überkommenen geistigen
und materiellen Grundlagen der Alten Welt in Frage stellte und so
zur bürgerlichen Moderne überleitete" [Höfe und Allianzen.
Deutschland 1648–1763, 1989, 13]. Wenn Schilling den Prozeßcharakter dieses Vorgangs hervorhebt und, in Anlehnung an Koselleck,
von einem „breit angelegten Schwellenereignis" spricht, so geht das
einher mit der Abkehr von einer dichotomischen Betrachtungsweise
im Hinblick auf die Zeit des Ancien Régime, wie sie die Gegenüberstellung von traditional und modern nahelegte.

Kritik an der Über-
betonung der Zäsur:
E. FEHRENBACH

Kritisch gegenüber einer strukturanalytisch akzentuierten
Überbetonung der Frage nach dem „Beginn der Moderne" hat sich
in diesem Zusammenhang E. FEHRENBACH geäußert: Eine solche Betrachtungsweise neige dazu, den „Transformationsprozeß eingleisig
und gleichgerichtet" darzustellen. „Die Übergangsgeschichte (und
nicht nur sie!) kennt jedoch eher die Mischung traditionaler und
moderner Elemente, heterogene Gesellschaftsformen, Möglichkeiten, mit modernen Mitteln traditionale Herrschaftsziele durchzusetzen" [25: Vom Ancien Régime, 3].

2. Formprinzipien und Gestalt der ständischen Gesellschaft

Alle heute gängigen Definitionen verwenden den Begriff „ständische Gesellschaft" als Synonym für vormoderne Gesellschaft
schlechthin, d. h. für eine gesellschaftliche Ordnung, deren Baupinzip bis auf die Zeit des frühen Mittelalters zurückgeht und deren
Auflösung im 18. Jahrhundert die moderne, die bürgerliche Gesellschaft freisetzte [82: SCHULZE, Ständische Gesellschaft, 1 f.]. Das der

Analyse jener Ordnung vielfach zugrundegelegte idealtypische Drei-
stände-Modell der „société tripartite" von Adel, Bürgern, und Bauern [63: VAN DÜLMEN, Formierung, 5; 62: DUBY, Die drei Ordnun-
gen], von „Wehr-, Lehr- und Nährstand" ist in jüngerer Zeit in
vielfältiger Weise differenziert und, vor allem durch O. G. OEXLE
[71: Dreiteilung; 72: DERS. U. A., Stand, Klasse], in seiner Genese dargestellt worden. Die ursprünglich geburtsständische Differenzierung
der Gesellschaft des frühen Mittelalters in „liber" und „servus"
wurde danach um etwa 1000 abgelöst durch eine funktionsständi-
sche Unterscheidung zwischen „rusticus" und „miles", also Bauer
und Ritter, die dann in der funktionalen Dreiteilung des Ständewe-
sens in Kleriker („oratores"), Ritter („bellatores") und Bauern („la-
boratores") aufging. Mit der Entstehung der Städte und größerer
Märkte trat im weiteren, zahlenmäßig rasch zunehmend, das Bürgertum hinzu, das in der Gesellschaft des Spätmittelalters und der
Frühen Neuzeit, deren Zusammensetzung insbesondere D. SAAL-
FELD quantitativ zu erfassen versucht hat [75: Ständische Gliede-
rung], den vierten Großstand bildete. In der Zuspitzung der gesellschaftlichen Auseinandersetzungen vor 1789 in Frankreich wurde
der Ständebegiff zunehmend politisch verwendet bis hin zu der
These, die ganze Ständeordnung bilde einen Unterdrückungsme-
chanismus, mit dessen Hilfe das eigentliche Volk, der Dritte Stand,
durch die beiden ersten, letztlich volksfremden Stände unterjocht
werde.

Das auch zeitgenössisch vielfach verwendete Drei-oder Vier-
stände-Modell rekurriert auf die geburts- und berufsständische Gliederung der vormodernen Gesellschaft. Es vermittelt ein eher sche-
matisches Bild ihrer sozialen Wirklichkeit. Mit der vertieften Analyse der Herrschaftsbeziehungen in dieser Gesellschaft traten sein
Charakter und seine Konturen sehr viel deutlicher hervor. P. BLICK-
LES Untersuchungen über die Verfassungs- und Sozialstruktur des
oberdeutschen Raumes [58: Landschaften; 59: Untertanen] liegt –
ohne daß er auf das Grundmodell der „société tripartite" Bezug
nimmt – ein dichotomisches analytisches Deutungskonzept der ständischen Gesellschaft zugrunde. Blickle ging es zunächst darum, die
obrigkeitliche, auf die Herrschaftsstände Adel und Klerus fixierte
Betrachtungsweise einer älteren Forschungstradition zu durchbre-
chen. Die in der Heerschildordnung des Sachsen- und Schwaben-
spiegels symbolisch dargestellte feudale Ordnung des Spätmittelalters und der Frühen Neuzeit sei durch das gleichzeitig in Stadt-
wie Dorfgemeinden wirksame genossenschaftliche Lebensprinzip

herausgefordert gewesen. Vom Antagonismus zwischen staatlichen Herrschaftsträgern und dem „gemeinen Man in stetten und auf dem Land" ging eine die ständische Sozialhierarchie bedrohende politische Dynamik aus, die sich im Bauernkrieg und anderen frühneuzeitlichen Revolten entlud. Blickles weniger deskriptives als analytisches Deutungskonzept „Herrschaft–Untertan" liegt quer vor allem zur älteren Absolutismusforschung, die die meisten der gesellschaftsverändernden Entwicklungen der ordnenden Kraft des frühneuzeitlichen Fürstenstaates zuschrieb. Es geht von der Existenz einer „demokratischen Komponente" [58: Landschaften, 568] im landschaftlich verfaßten Staat aus, die Blickle in der „Kontrolle durch die Gesamtheit der Untertanen" und in der „Autonomie des gemeinen Mannes" verkörpert sieht.

Diese Interpretation hat eine ganze Reihe von Kritikern auf den Plan gerufen. Einer ihrer frühesten Wortführer war GERHARD OESTREICH, der die begrenzte Aussagefähigkeit der ausgewählten Beispiele monierte. Die räumliche Beschränkung auf Kleinterritorien mit bäuerlicher Sozialstruktur, in denen „das genossenschaftliche Moment stärker erhalten blieb", habe zu einer Überschätzung der Partizipationsmöglichkeiten insgesamt geführt [70: Zur Vorgeschichte des Parlamentarismus, 72; s.a. 73: PRESSS, Herrschaft, Landschaft und „Gemeiner Mann"]. Der Ansatz hat aber auch viel Zustimmung erfahren. Stark beeinflußt wurde von ihm die frühneuzeitliche Konfliktforschung, die vor allem den bäuerlichen Widerstand thematisiert und diesen als einen zentralen „Faktor einer qualitativen Veränderung der staatlichen Ordnung" des Ancien Régime begreift [78: W. SCHULZE, Zur politischen Bedeutung des „gemeinen Mannes"; 79: DERS., Bäuerlicher Widerstand, 142]. Die bäuerliche Widerstandtradition habe eine Verrechtlichung sozialer Konflikte bewirkt.

Auch die jüngere Absolutismusforschung hat den neuen Interpretationsansatz aufgegriffen. Mit der schrittweisen Schaffung eines einheitlichen Untertanenverbandes seit dem 17. Jahrhundert habe der Absolutismus eine Umkehrung des polaren Kräfteverhältnisses „Obrigkeit–Untertan" bewirkt: Der Staat „machte den ‚gemeinen Mann' zum Untertan" [31: KUNISCH, Absolutismus, 37; 84: WILLOWEIT, Struktur und Funktion, 16]. Die abnehmende politische Partizipation des Bürgers und Bauern im absolutistischen Fürstenstaat spiegelt sich auch im Bedeutungswandel des Untertanenbegriffes wider, der erst mit dem Sieg des Absolutismus seinen noch heute gültigen pejorativen Charakter annahm.

Kritik und Zustimmung

Ungeachtet aller Hinweise auf die dynamischen Elemente der frühneuzeitlichen Gesellschaft bestehen weiter unterschiedliche Auffassungen über das „Mischungsverhältnis" von beharrenden und vorwärtstreibenden Kräften. Die durch Geburt oder „sanktionierte soziale Qualifikationen" erworbene Zugehörigkeit zu einem Stand läßt die ständische Gesellschaftsstruktur als prinzipiell statisch erscheinen [21: BOSL/WEIS, Gesellschaft; 31: KUNISCH, Absolutismus, 41; 75: SAALFELD, Ständische Gliederung]. Das Hauptargument der Verfechter dieser Position ist die stark eingeschränkte soziale Mobilität zwischen den großen Ständegruppen, die nur durch „Bildung, Heirat und Kapitaleinsatz" [75: SAALFELD, Ständische Gliederung, 464] überwunden werden konnte. R. VAN DÜLMEN spricht dagegen von einer Umwandlung der relativ mobilen, offenen ständischen Gesellschaft des späten Mittelalters und der beginnenden Frühen Neuzeit in eine „geschlossene, stark differenzierte Ordnung mit einer fast starren Ständestruktur, in der jede Gruppe und jeder einzelne erstmals eine klar definierte Rolle zugewiesen bekam", die in dem Maße zu einer „Verhärtung der Ständegesellschaft" führte, als der Adel seine soziale Vorrangstellung und materielle Versorgung durch Abschließung zu sichern suchte [63: Formierung, 20f.]. Ursachen für diese Verhärtung und Festschreibung der sozialen Positionen und Funktionen seien: 1. die durch den Bevölkerungszuwachs bedingte Nahrungsverknappung, 2. die Reaktion der gesellschaftlichen Eliten auf den durch Volksaufstände und konfessionelle Gegensätze bedingten „Verfall und die Anarchie der politisch-sozialen Ordnung des 16. Jahrhunderts" [ebd., 22] und 3. die Sozialdisziplinierung durch den frühmodernen (Fürsten-)Staat gewesen, der die geburts- und berufsständische Sozialordnung stabilisierte und gleichzeitig alle Individuen und gesellschaftlichen Gruppen seiner Herrschaft unterwarf. Von da an habe die ständische Positionierung nur noch als Garant der politischen Ordnung, der „Sicherung und Legitimierung der erworbenen Machtposition der gesellschaftlichen … Elite" gedient [ebd.].

An der Vorstellung vom statischen Charakter der ständischen Gesellschaft entzündete sich zunehmend Kritik. Ihre Wortführer begriffen im Gegenteil Mobilität als einen wesentlichen Aspekt der vormodernen Gesellschaftsordnung, in der gesellschaftlicher Aufstieg z. B. durch Amtstätigkeit und Nobilitierung jederzeit möglich gewesen sei [82: SCHULZE, Ständische Gesellschaft, 5, 9, 12; 65: KAELBLE, Gesellschaftsepochen, hier bes. 76]. Anknüpfend an die klassische Mobilitätsstudie des russisch-amerikanischen Soziologen

Beharrende und vorwärtstreibende Elemente in der frühneuzeitlichen Gesellschaft

Statischer Charakter der ständischen Gesellschaft?

A. SOROKIN [Social and Cultural Mobility, 1927] bestreitet Schulze, daß es überhaupt je statische Gesellschaften gegeben habe. Vielmehr meint er, daß „erst die charakteristische Veränderung der Schnelligkeit dieses Prozesses [sozialer Mobilität] oder das Auftreten neu differenzierter Gruppen, die die bisherigen Inhaber privilegierter Gruppen bedrohen" [82: Ständische Gesellschaft, 11], ein sinnvolles Unterscheidungsmerkmal zwischen der ständischen und der bürgerlichen Gesellschaft an die Hand geben könne. Mobilität, die er als „fortwährenden sozialen Selektionsprozeß" versteht, müsse sich in ständischen Gesellschaften gegen das geltende Normensystem für soziales Verhalten durchsetzen. Sie sei ein notwendiges „Regulativ", um in einer „Gesellschaft beschränkter Ressourcen" das daraus resultierende Fehlen von Aufstiegsmöglichkeiten vor allem im ökonomischen Bereich auszugleichen. Verschiedene Spezialarbeiten, in denen versucht worden ist, soziale Mobilität konkret nachzuweisen, scheinen diese Auffassung zu belegen: Vor allem der frühneuzeitliche Ämterhandel und Staats- bzw. Fürstendienst ebneten Aufsteigern den Weg [66: MALETTKE (Hrsg.), Ämterkäuflichkeit; 67: MIECK (Hrsg.), Ämterhandel].

Eine mittlere Linie zwischen beiden Interpretationen ergibt sich aus der Mehrzahl der Beiträge eines von W. SCHULZE herausgegebenen Sammelbandes zur sozialen Mobilität in der ständischen Gesellschaft [82: Ständische Gesellschaft]. Sie zeichnen das Bild einer begrenzten Mobilität, die bei einem insgesamt statischen Normensystem prinzipiell möglich und real vorhanden war. Konzediert wird dabei, daß gesellschaftlicher Aufstieg die Ausnahme und nicht, wie in der bürgerlichen Gesellschaft, Programm und zunehmende Realität war. Das ständische Normensystem habe als soziales Leitbild eine „Harmonie durch Ungleichheit" beinhaltet, woraus sich „als Norm des Handelns das Sichbescheiden des einzelnen in seinem Stand" ergeben habe [71: OEXLE, Dreiteilung, 23]. Das „Prinzip der hierarchischen Gesellschaftsordnung" scheine „ein Grundwert der ständischen Gesellschaft gewesen zu sein" [69: MÜNCH, Grundwerte, 70].

„Harmonie durch Ungleichheit"

Zugenommen haben Untersuchungen, die einzelne Aspekte des Auflösungsprozesses der ständischen Gesellschaft betreffen, ohne diesen selbst insgesamt zu thematisieren. Es handelt sich 1. um Studien über den Kernbestand der bürgerlichen Grundwerte und -forderungen, die sowohl dem Normensystem als auch der sozialen Ordnung der Ständegesellschaft den Kampf ansagten, und 2. um Forschungen, die den wachsenden Integrationsverlust der vormo-

Die Auflösung der ständischen Gesellschaft

dernen Gesellschaft zum Gegenstand haben, und zwar sowohl an der Basis (zunehmendes Herausfallen sozialer Randgruppen: Bettler, Vaganten, unehrliche Berufe usw.) als auch an der Spitze durch den Aufstieg neuer Eliten (Beamte, Kaufleute, Akademiker), die sich nicht mehr oder nur noch partiell in die alte Gesellschaftshierarchie integrieren ließen [vgl. dazu a. unten 7 und 8].

Als ein entscheidender Faktor des Auflösungsprozesses der ständischen Gesellschaft wird von der rechts- und ideengeschichtlich orientierten Forschung der Wandel der gesellschaftlichen Normen und Werte seit dem 18. Jahrhundert angesehen. Dieser zeigte sich in dem wachsenden Stellenwert, den die Grund- und Freiheitsrechte, die Individualrechte gegenüber den korporativen Rechten in der gesellschaftlichen Diskussion beanspruchten [57: BIRTSCH (Hrsg.), Grund- und Freiheitsrechte]. Eine wesentliche Voraussetzung war dabei die Entstehung einer spezifisch bürgerlichen Öffentlichkeit seit Beginn der Aufklärung, ein mittlerweile in allen Einzelheiten beschriebener Prozeß [128: HABERMAS, Strukturwandel der Öffentlichkeit; 139: MÖLLER, Vernunft und Kritik]. Als eine Bewegung „vom Gemeinnutz zum Eigennutz" interpretiert W. Schulze den Normenwandel in der ständischen Gesellschaft. Die Orientierung am Gedanken des „gemeinen Nutzen" habe als „zentraler programmatischer Begriff" den Fixpunkt jeglichen politischen Handelns vom späten Mittelalter bis ins 18. Jahrhundert dargestellt. Er habe „als Inhalt von guter Politik schlechthin, sowohl für das Verhalten des einzelnen wie für das Gemeinwesen ganz allgemein" gegolten [80: SCHULZE, Gemeinnutz, 597].

In dem Maße in dem der negative Gegenbegriff des „Eigennutzes" v. a. durch Physiokratie und Nationalökonomie aufgewertet worden sei, habe das als umfassende, verbindliche Handlungsmaxime sozialen Verhaltens geltende Normensystem der ständischen Gesellschaft seine Kraft und Wirkung verloren. Mit der vor allem von Adam Smith formulierten Idee des gleichsam automatischen Ausgleichs egoistischer ökonomischer Impulse in einem sich selbst regulierenden System der Bedürfnisse sei der Gemeinwohlgedanke „aufgehoben" und zu einer neuen Sozialtheorie verarbeitet worden. Mit diesem Normenwandel sei das alte ständisch-statische Normensystem zusammengebrochen und habe sich das neuzeitliche Selbstverständnis zu einer individualistischen, „bürgerlichen" Auffassung von Gesellschaft geöffnet [80: SCHULZE, Gemeinnutz, 612, 620f.]. Parallele Entwicklungen sind von der Kommunalismusforschung aufgezeigt worden, die den Vorrang des Prinzips des Nahrungs-

Wandel gesellschaftlicher Werte und Entstehen einer bürgerlichen Öffentlichkeit

„Vom Gemeinnutz zum Eigennutz"

Die individualistische Gesellschaft

schutzes in der frühneuzeitlichen Wirtschafts- und Sozialordnung als integralen Bestandteil der normativen Orientierung am „gemeinen Nutzen" begreift [R. BLICKLE, Nahrung und Eigentum als Kategorien in der ständischen Gesellschaft, in: 82: SCHULZE (Hrsg.), Ständische Gesellschaft, 73–93].

Emanzipation und Verrechtlichung
Der Abbau statusbezogener unterschiedlicher Berechtigungssysteme zugunsten allgemein gültiger Individualrechte sollte die Emanzipation des Menschen – der nun zunehmend als Gattungswesen begriffen wurde – aus den Bindungen einer starren sozialen Ordnung ermöglichen. Durch die angestrebte Differenzierung der Rechtsordnung in höherrangiges (Grundrechte) und nachrangiges positives Recht sollte zugleich Freiheit als ein Grundrecht mit allgemeiner Geltung individuell, nicht partikular und schichtenbezogen realisiert werden. In der Praxis geht dieser politischen Zielbestimmung die „‚Dekorporierung', die Herauslösung des Bürgers aus korporativen Bindungen, parallel zur Entwicklung des Staats zum ‚Rechtsstaat' ", voraus [81: SCHULZE, Individualrechte, 167]. Schulze sieht einen genuinen Zusammenhang zwischen gesellschaftlichen Emanzipationsprozessen und der Verrechtlichung der sozialen Beziehungen seit der Frühen Neuzeit. Was in der ständischen Ordnung der Vormoderne der „korporativen Selbstregelungskompetenz" zugewiesen gewesen sei, gerate in ihrer Auflösungsphase in eine neue „Konfliktlage von staatlicher Ordnung und individuellen Ansprüchen" [ebd. 162]. Widerstandsgedanke und Anspruch auf Rechtsschutz seien, so Schulze, jedoch schon im Ancien Régime Elemente der Auflösung gewesen und könnten insofern als Vorläufer der modernen Grundrechte gelten [79: SCHULZE, Bäuerlicher Widerstand].

Grundrechtsforderungen als Ferment der Auflösung der ständischen Gesellschaft
Die systematische Beschäftigung mit der Genese und Bedeutung von Grundrechten als einem Ferment der Auflösung ständischer und der Konstituierung bürgerlicher Ordnungen ist durch Spezialuntersuchungen zur konkreten Ausbildung bestimmter Grundrechte ergänzt worden. Es dominieren allerdings in der Tradition der älteren politischen Ideengeschichte begriffsgeschichtliche Studien zum Gleichheits- [61: DANN, Gleichheit], Freiheits- [76: SCHLUMBOHM, Freiheit] und Toleranzbegriff [H. R. GUGGISBERG (Hrsg.), Religiöse Toleranz, 1984]. In der Unterscheidung zwischen

Der neue Freiheitsbegriff
ständischem und bürgerlichem Freiheitsbegriff wird, so zeigt Schlumbohms Untersuchung, zugleich der soziale Wandel deutlich. Nach dem tradierten Rechtsverständnis war frei der nicht Abhängige, derjenige, der auf eigenen Füßen stand. Im engeren materiel-

len Sinn bezog sich der Freiheitsbegriff der ständischen Gesellschaft auf die bestimmten Freiheiten einzelner Stände, auf deren rechtliche Privilegien. Er hatte charakteristischerweise je nach Stand verschiedene Inhalte, je nachdem, ob er die Freiheit(en) des Adels, des (reichs)städtischen Bürgertums oder der Bauern bezeichnete. Ganz anders dagegen der egalitäre bürgerliche Freiheitsbegriff, der auf eine allgemeine Freiheit im Sinne von Rechtsgleichheit zielte. Parallel zur Ausbildung frühnationaler Strömungen entstand die Forderung nach „National-Freyheit", die eine integrative Ordnung mit allgemeinen und gleichen Freiheiten aller Staatsbürger meint. Hiergegen setzte der Konservativismus eines Arndt oder Fichte ein relatives, d. h. auf die äußere Freiheit von Fremdherrschaft reduziertes Freiheitspathos, das eine Aufrechterhaltung des politisch-sozialen Systems im Inneren implizierte. Trotz solcher Versuche, die Ständegesellschaft mit „modernen" publizistischen Mitteln und Parolen zu verteidigen, zeichnete sich um 1790 bereits ein fester „Kern von politisch-sozialen Forderungen" ab. Dazu zählten die bürgerlichen Freiheiten der Preß- und Religionsfreiheit, der Rechtssicherheit und die Unverletzlichkeit der Person sowie die „Möglichkeit sozialen Aufstiegs über die alten geburtsständischen Schranken hinweg" [76: Schlumbohm, Freiheit, 166 f.; s. a. 179: Valjavec, Entstehung].

3. Theorie und Begriffsgeschichte der bürgerlichen Gesellschaft

Im Unterschied zu der modernen analytischen Kategorie der „ständischen Gesellschaft" besitzt der Begriff der „bürgerlichen Gesellschaft" eine lange historische Tradition, die bis in die Antike zurückreicht. Ursprünglich von Aristoteles am Modell der griechischen Polis entwickelt, bezeichnete der Begriff bis ins 18. Jahrhundert eine rechtlich geordnete Gemeinschaft von gleichberechtigten und sich selbst bestimmenden Bürgern, ein Gemeinwesen also, das keine Scheidung von Staat und Gesellschaft kennt *(„civitas sive societas civilis sive res publica")*. Als konkretes Beispiel eines solchen Gemeinwesens erschien vielen Autoren die mittelalterliche und frühneuzeitliche Stadt- und Bürgergemeinde. [*Die Tradition der Antike*]

Wie sich aus diesem älteren Begriff vor allem seit der Französischen Revolution eine neue Definition der „bürgerlichen Gesellschaft" entwickelte, hat umfassend vor allem M. Riedel in seinen Studien zu Hegel und in seinen Beiträgen zu den „Geschichtlichen [*Begriffswandel seit dem 18. Jahrhundert*]

Grundbegriffen" untersucht und beschrieben [103: Bürgerliche Gesellschaft; 102: Bürger; 104: Gesellschaft; vgl. daneben auch die älteren Studien von MESCHKE, 98: Das Wort ‚Bürger', und SCHULZ,
105: Entstehung]. Danach reichte der traditionelle Begriff schon in
der zweiten Hälfte des 18. Jahrhunderts nicht mehr aus, um die zunehmenden politisch-sozialen Widersprüche einer in Bewegung ge-
ratenen Gesellschaft zu erfassen. Die neuen Entwicklungen und
Konflikte brachen sich u. a. in einer Reihe von gegensätzlichen Be-
griffspaaren (Bürger – Untertan, Bürger – Adel, Bourgeois – Ci-
toyen usw.) Bahn.

Gegenüber allen Versuchen, diese sozialen Veränderungen in
einem lediglich partiell gewandelten, im Kern aber noch an die alten Begriffstraditionen anknüpfenden Verständnis von bürgerlicher
Gesellschaft aufzufangen, hat als erster – wenngleich in der klaren
Differenzierung von Staat und Gesellschaft an Fichte anknüpfend –
Hegels Definition Hegel einen radikal neuen, eben den modernen Begriff von bürger-
der bürgerlichen licher Gesellschaft entwickelt: Während der Staat zum Inbegriff des
Gesellschaft Politischen wird, wird die Gesellschaft vom Staat freigesetzt und
emanzipiert, zugleich aber gewissermaßen auf das Soziale reduziert.
Sie wird zum bloßen „System der Bedürfnisse", in dem die Individuen durch ihre vorwiegend ökonomischen Interessen miteinander
Marx verbunden sind. In der Kritik von Marx an Hegel wird dann noch
deutlicher der Begriff mit dem Aufstieg einer neuen bürgerlichen
Gesellschaftsschicht, einer neuen Klasse verknüpft, wird also die
bürgerliche Gesellschaft als „Klassengesellschaft" definiert; knapp
heißt es etwa in der Einleitung zur „Deutschen Ideologie": „Die
bürgerliche Gesellschaft als solche entwickelt sich erst mit der Bourgeoisie." Hier zeichnet sich bereits ein Verständnis von bürgerlicher
Gesellschaft ab, bei dem das Verhältnis dieser Gesellschaft zum
Staat ganz in den Hintergrund tritt und der Blick vor allem auf die
Anatomie dieser Gesellschaft, auf die nähere Analyse der „politischen Ökonomie" gerichtet ist.

Vor allem in Deutschland ist ein an Hegel und Marx anknüp-
Die von Hegel und fendes Begriffsverständnis dominierend für die historische Interpre-
Marx gestiftete Tra- tation der modernen bürgerlichen Gesellschaft und des Übergangs
dition zu ihr geworden. Dies gilt zunächst einmal für die im engeren Sinne
marxistische Richtung, besonders natürlich für deren dogmatische
Vertreter bis hin zur DDR-Geschichtswissenschaft, die den Begriff
der bürgerlichen Gesellschaft bezeichnenderweise unter den „exak-
teren Begriff der kapitalistischen Gesellschafts- und Staatsordnung"
subsumierten [Marxistisch-leninistisches Wörterbuch der Philoso-

phie, Bd. 1, 1972, 204], aber auch für die Versuche vor allem aus dem Umkreis des Frankfurter Instituts für Sozialforschung, die Umrisse und Probleme des Prozesses der Ausbildung einer spezifisch bürgerlichen Weltanschauung insbesondere in der Frühen Neuzeit herauszuarbeiten [vgl. dazu den Überblick bei 91: HALTERN, Bürgerliche Gesellschaft, 19 ff.; als Beispiel für die sich schrittweise aus dogmatischen Begrenzungen lösende DDR-Forschung 279: KÜTTLER/SEEBER, Forschungsprobleme, 1980].

In vielem trafen sich gerade die undogmatischeren marxistischen Studien etwa von Wittfogel oder von Borkenau mit der Vorgehensweise und den Interpretationsansätzen der beiden bürgerlichen Marx-Kritiker Werner Sombart und Max Weber, die zwar unterschiedliche und insbesondere in der Frage nach den Ursprüngen des „kapitalistischen Geistes" von Marx abweichende Deutungen der Entstehung des modernen bürgerlich-kapitalistischen Wirtschafts- und Gesellschaftssystems gaben, ihm aber in der engen Verknüpfung von Kapitalismus und Bürgertum durchaus verbunden blieben. *Sombart und Weber als Kritiker dieser Tradition*

Vor allem Max Weber hat langfristig in der bundesdeutschen Soziologie und Geschichtswissenschaft in besonderer Weise schulebildend gewirkt – und zwar in zweifacher Hinsicht. Einerseits bot Weber im Unterschied zu marxistisch inspirierten Ansätzen ein theoretisches Interpretationsraster für die soziologische und historische Analyse der modernen Wirtschafts-, Gesellschafts- und Staatsordnung an, das durch seine bewußt offengehaltene Gewichtung der drei Hauptbereiche Herrschaft, Wirtschaft und Kultur jede einseitige Präjudizierung im Sinne einer Überbetonung des sozioökonomischen Bereichs vermied. Andererseits – und dies hängt mit dem ersten Punkt auf das engste zusammen – spielt die Kategorie der bürgerlichen Gesellschaft bei Weber eine völlig untergeordnete Rolle; sie wird von ihm nirgends systematisch zur Analyse des epochalen Wandels zur Moderne herangezogen. Sehr zu Recht hat deshalb Utz Haltern 1979 in einem Literaturbericht darauf hingewiesen, daß in der sozialwissenschaftlichen wie geschichtswissenschaftlichen Modernisierungsdebatte und in den von ihr inspirierten Studien der Begriff der bürgerlichen Gesellschaft „so gut wie keine Rolle gespielt" habe [91: HALTERN, Entwicklungsprobleme, 275].

So ergibt sich beim Blick auf den heutigen Forschungsstand zunächst einmal das Bild, daß zum einen die zumeist von Weber inspirierten sozialhistorisch orientierten Darstellungen mit einem umfassenderen Interpretationsanspruch bis hin zu H.-U. WEHLERS „Deut- *Zurücktreten des Begriffs der bürgerlichen Gesellschaft* scher Gesellschaftsgeschichte" den Begriff der bürgerlichen Gesellschaft allenfalls am Rande erwähnen. Zum anderen wird er in jenen Arbeiten, die das Wort an hervorragender Stelle verwenden oder gar im Titel führen, durchweg ohne ins einzelne gehende inhaltliche Bestimmung als Synonym für die moderne Gesellschaft schlechthin verwendet.

Andere Traditions-
linien   Gegenüber dieser durch Hegel und Marx oder doch zumindest in der Auseinandersetzung mit ihnen geprägten Interpretationslinie ist das an die ältere, auf Aristoteles zurückgehende Tradition anknüpfende Verständnis von bürgerlicher Gesellschaft als einer Einheit von sozialer und politischer Gemeinschaft lange Zeit in Deutschland weit weniger beachtet worden. Doch zeugen seit einiger Zeit zwei Forschungstrends von einer stärkeren Rückbesinnung auf dieses Begriffsverständnis.

Hobbes, Locke und
die schottischen
Moralphilosophen   Zum einen ist hier die breite, vor allem im angelsächsischen Bereich geführte Debatte über die bürgerliche Sozialtheorie bei Hobbes, Locke und den schottischen Moralphilosophen zu nennen. Zwei allerdings vielfach miteinander verwobene Argumentationsstränge lassen sich in diesem Zusammenhang unterscheiden. Autoren wie Medick und Macpherson sind auf unterschiedlichen Wegen bestrebt, die frühe angelsächsische Sozialtheorie vor einer vorschnellen Deutung im Sinne des liberal-kapitalistischen Denkens des 19. Jahrhunderts zu bewahren. Medick versucht dabei insbesondere aus einer Analyse des Theorems vom Naturzustand den Nachweis abzuleiten, daß sich in diesem nicht nur ein fiktiver vorbürgerlicher Gesellschaftszustand, sondern die Entwicklung der sich formierenden bürgerlichen Gesellschaft spiegele: „In der Vorstellung des staatsfreien Naturzustands ursprünglicher menschlicher Freiheit und Gleichheit thematisiert, problematisiert und theoretisiert die bürgerliche Gesellschaft sich nun selber" [97: MEDICK, Naturzustand, 33]. MACPHERSON versucht darüber hinaus mit den von ihm entwickelten Modelltypen der einfachen Marktgesellschaft und der entwickelteren Eigentumsmarktgesellschaft zu zeigen, auf welchen „besitzindividualistischen" Prämissen die Theorien von Hobbes und Locke aufbauen und welche naturrechtlichen und politisch-konstitutionellen Absicherungen vor allem in Lockes Sicht notwendig sind, um dennoch den Anspruch auf individuelle Autonomie und politische Gleichberechtigung erhalten zu können [96: Besitzindividualismus]. Hier trifft sich diese mehr gesellschaftstheoretische

„Klassischer Repu-
blikanismus"   Sichtweise mit jenem Strang, der das Fortwirken der Tradition des klassischen Republikanismus im angelsächsischen politischen Den-

ken des 17. und 18. Jahrhunderts nachzuweisen versucht [vgl. insbes. 100: POCOCK, Machiavellian Moment, und 101: DERS., Virtue, sowie zuletzt 107: WIRSCHING, Bürgertugend]. Die bisherige Debatte resümierend, hat ST. BÖHM kürzlich diese neue Sicht folgendermaßen zusammengefaßt: Der Begriff „civil society", so wie er von den schottischen Aufklärern verwendet werde, „bezeichnet das genaue Gegenteil von dem staatsrechtlich und rechtsphilosophisch begründeten Begriff der ‚bürgerlichen Gesellschaft' der deutschen politischen Terminologie des 19. Jahrhunderts. Die ‚civil society' ist nicht die Gesellschaft der Bourgeoisie und bestimmt sich nicht aus der Differenz zwischen Familie und Staat; sie ist die Gesellschaft der politisierenden Aktivbürger nach dem Vorbild der antiken Stadtstaaten, auf die die begriffliche Trennung von Staat bzw. Politik und Gesellschaft nicht anwendbar ist" [86: Teil und Ganzes, 76].

Bislang ungeklärt blieb allerdings, ob sich klassischer Republikanismus und frühliberales Denken sinnvoll ergänzen oder ob beide lediglich einzelne und zudem auf eine bestimmte Entwicklungsphase beschränkte Berührungspunkte aufweisen. Im übrigen spricht vieles für den Satz: „Doch im Kern blieb die Tradition des klassischen Republikanismus zutiefst antiliberal" [107: WIRSCHING, Bürgertugend, 176]. Verhältnis zum frühliberalen Denken

Die Rückbesinnung auf den ursprünglichen Bedeutungsinhalt des Begriffs der bürgerlichen Gesellschaft auch in Deutschland stützt sich, und das ist der zweite Punkt, zugleich auf die intensivierte Erforschung der Verwendung dieses Begriffs vor Hegel und Marx [vgl. als ein Produkt dieses wachsenden Interesses auch die Textsammlung von BATSCHA und GARBER, 1: Von der ständischen zur bürgerlichen Gesellschaft]. Dabei ist besonders deutlich geworden, wie sehr die antike politische Tradition der „societas civilis" – vermittelt und neu formuliert durch Kant – auch in Mitteleuropa noch bis weit ins 19. Jahrhundert fortwirkte. Zugleich ist vor allem an Kant gezeigt worden, wie in den Begriffen „Bürger" und „bürgerliche Gesellschaft" sich einerseits die reale zeitgenössische Gesellschaft der Hausväter spiegelt und wie andererseits mit diesen Begriffen ein soziales und politisches Erwartungsmodell formuliert wird, die Begriffe also dynamisiert werden [vgl. zuletzt 89: GALL, Bürger, 606f.]. Kant

In diesem Zusammenhang hat der Vf. in einem Vortrag auf dem Braunschweiger Historikertag von 1974 den Versuch unternommen, das Verhältnis von Liberalismus und bürgerlicher Gesell- Liberalismus und bürgerliche Gesellschaft

schaft näher zu bestimmen. Im Mittelpunkt stand die These, daß
das liberale Konzept der politischen Emanzipation der Gesellschaft
in der ersten Hälfte des 19. Jahrhunderts auf der lebendigen Erfahrung einer noch weitgehend traditional geprägten, jedenfalls vorindustriellen Gesellschaft aufruhe. Das vor diesem Hintergrund und
mit Blick auf die konkreten Erfahrungen bürgerlichen Aufstiegs for-
mulierte politisch-soziale Zukunftsbild sei das einer „klassenlosen
Bürgergesellschaft ‚mittlerer' Existenzen" gewesen – ein Leitbild,
das dann allerdings im Zuge der industriellen Revolution und der
Freisetzung ganz anderer sozialer Entwicklungstendenzen zur bloßen Klassenideologie verkommen sei [88].

Das ist seither vielfach aufgegriffen worden. Ging die Forschung bis dahin von einem untrennbaren Zusammenhang von Liberalismus und kapitalistisch-industrieller Ordnung aus, so stellte
Soziale Grundlagen sich nun – ganz parallel zur angelsächsischen Diskussion – die
des Liberalismus Frage nach den sozialen Grundlagen des Liberalismus in neuer
Weise und mit ihr zugleich die weitergehende nach dem Wandel des
Charakters der bürgerlichen Gesellschaft. So hat beispielsweise H.
SEDATIS – zugleich Macphersons heuristische Modelle der einfachen
und der Eigentumsmarktgesellschaft aufgreifend – von dieser Basis
aus Stellung und Rolle des südwestdeutschen Handwerks in vieler
Hinsicht in ganz neue Zusammenhänge gerückt und neu gedeutet
[311: Liberalismus und Handwerk].

Jüngst hat P. NOLTE, verschiedene der genannten Perspektiven
zusammenfassend, den Versuch unternommen, die angelsächsischen Debatten über den klassischen Republikanismus auch für das
Der liberale Politik- Verständnis des deutschen Liberalismus in der ersten Hälfte des
begriff 19. Jahrhunderts fruchtbar zu machen [99: Bürgerideal]. Er vertritt
die These, daß im Mittelpunkt des liberalen Denkens „eine genuin
politische Vision" stand, „wobei ‚politisch' im Sinne des klassischen
Republikanismus einen aus der Antike entlehnten, umfassenden
und normativen Sinn hatte, der die Ordnung der Gesellschaft einschloß" [ebd., 4]. Das aristotelische Verständnis der bürgerlichen
Gesellschaft und das mit ihm verknüpfte Bürgerideal – das des politischen Aktivbürgers – habe sich zumindest in Süddeutschland bis
in die 1840er Jahre halten können [ebd., 17 f.]. Zwar stellt Nolte konkrete Verbindungen zwischen dem Wandel der Begriffe „Bürger"
und „bürgerliche Gesellschaft" und dem realen Bürgertum des Vormärz her. Aber gleichzeitig wirft er der einschlägigen neueren Forschung eine zu stark sozialökonomisch bestimmte Sicht vor und will
die zentralen Begriffe primär politisch verstanden wissen. Damit

fällt er u. E. hinter eine Interpretation zurück, die den engen Bezug von politischem und sozialem Wandel herauszuarbeiten versucht und es als eine zentrale Aufgabe der sozialgeschichtlichen Forschung ansieht, deutlich werden zu lassen, welche realhistorischen Konkretisierungen hinter der offenkundigen politischen und gesellschaftlichen Dynamisierung des Bürgerbegriffs seit dem ausgehenden 18. Jahrhundert stehen.

4. Strukturwandel der Öffentlichkeit und Entwicklung des Vereinswesens

Die Bedeutung der Vereine für die Herausbildung einer modernen bürgerlichen Gesellschaft und einer neuen, bürgerlichen Öffentlichkeit ist zwar bereits vielen Zeitgenossen bewußt gewesen. Die wissenschaftliche Erforschung dieses Komplexes, der zugleich eine zentrale Schnittstelle zwischen Politik, Wirtschaft, Gesellschaft und Alltagsleben darstellt, ist jedoch erst relativ spät in Gang gekommen. *Zentrale Rolle der Vereine*

Das Interesse der zeitgenössischen Liberalen am Vereinswesen spiegelt sich paradigmatisch in Carl Theodor Welckers Artikel „Association" im Rotteck-Welckerschen Staatslexikon, ein Artikel, der nüchterne Bilanzierung mit emphatischen politischen Erwartungen verbindet. Assoziationen erscheinen als „die stets frische Lebensquelle von Thätigkeit und Bildung, von Wohlstand und Kraft der Bürger und des Staats" [C. TH. WELCKER, Association, Verein, Gesellschaft, Volksversammlung (Reden ans Volk und collective Petitionen), Associationsrecht, in: ROTTECK/WELCKER (Hrsg.), Staats-Lexikon, Bd. 2, 1835, 21–53]. Stärker wissenschaftlichen Anspruch konnten dann schon die Versuche Gierkes und Lorenz von Steins aus den 1860er Jahren erheben, das zeitgenössische Vereinswesen zu systematisieren [L. v. STEIN, Die Verwaltungslehre. T. I/3. 2. Aufl. 1869. ND 1962] bzw. auch schon historisch aufzuarbeiten [O. v. GIERKE, Das deutsche Genossenschaftsrecht. Bd. 1, 1868]. Bis heute Gültigkeit besitzt Gierkes Unterscheidung zwischen Korporationen der ständischen und Assoziationen der bürgerlichen Gesellschaft [s. a. 140: MÜLLER, Korporation]. *Zeitgenössische Einschätzungen der Vereine*

Mit GEORG SIMMEL und vor allem MAX WEBER haben dann zwei bedeutende Soziologen um die Jahrhundertwende das Thema aufgegriffen. Insbesondere Weber hat mit seinem nüchtern-empirischen Forschungsprogramm [Verhandlungen des 1. Deutschen Soziolo- *GEORG SIMMEL und MAX WEBER* gentages 1910, 1911, 52–62], das unter dem Eindruck der enormen quantitativen Verbreitung des Vereinswesens stand, einen Weg gewiesen, der jedoch zunächst, von Ausnahmen abgesehen [F. KLEIN, Das Organisationswesen der Gegenwart, 1913; H. STAUDINGER, Individuum und Gemeinschaft in der Kulturorganisation des Vereins, 1913], kaum beschritten wurde. Zusätzliche Anregungen kamen durch die soziologische Aufarbeitung der neuen aufklärerischen Assoziationen und des damit einhergehenden Strukturwandels der Öffentlichkeit durch die Arbeiten von E. MANHEIM [137: Aufklärung und öffentliche Meinung] und J. HABERMAS [128: Strukturwandel der Öffentlichkeit]. In beiden Arbeiten wurde die zentrale Bedeutung der Assoziationen für die Herausbildung der bürgerlichen Gesellschaft hervorgehoben und verdeutlicht. Neben soziologischen Untersuchungen [R. SENNETT, Verfall und Ende des öffentlichen Lebens, 1983], von denen bis in die Gegenwart fruchtbare Impulse ausgehen, sind hiervon auch eine Reihe historischer Arbeiten im engeren Sinne angeregt worden [etwa 85: BECHER, Politische Gesellschaft].

ERNST MANHEIM und JÜRGEN HABERMAS

THOMAS NIPPERDEY   Den eigentlichen Markstein der Vereinsforschung und der damit zusammenhängenden Probleme aber bildete TH. NIPPERDEYS erstmals 1972 erschienener Aufsatz über „Verein als soziale Struktur in Deutschland im späten 18. und frühen 19. Jahrhundert" [142]. In ihm wurden sowohl die Bedeutung des Vereinswesens für die Entwicklung der bürgerlichen Gesellschaft in Deutschland an einer Fülle von typologisch erfaßten Beispielen herausgearbeitet als auch die leitenden Fragestellungen und die zentralen Problemfelder einer künftigen systematischen Erforschung dieses Bereiches skizziert. Hieran anknüpfend ist seither eine große Zahl von Detailuntersuchungen und zusammenfassenden Analysen erschienen, die das Gesamtbild immer klarer konturiert haben und das Gewicht dieses Faktors immer deutlicher hervortreten ließen.

Aufklärungs-forschung   Das gilt nicht zuletzt für die Aufklärungsforschung, die sich in den letzten Jahren sehr stark auf die Formen, die Wege und das Ausmaß der Verbreitung aufklärerischen Denkens konzentriert hat, wobei spezifisch geistesgeschichtliche Fragestellungen eher zurücktraten [Kritik an dieser neuen Einseitigkeit bei 139: MÖLLER, Vernunft und Kritik, 7]. Noch 1977 beklagte VAN DÜLMEN die geringe Beachtung, die die Aufklärungsgesellschaften bisher gefunden hätten [121: Aufklärungsgesellschaften]. Davon kann längst keine Rede mehr sein.

Entwicklungspha-sen der Aufklärung   Van Dülmen unterscheidet drei Entwicklungsphasen der Aufklärung: die der Akademien und Gelehrten Gesellschaften, die der

Freimaurer und patriotischen Gesellschaften und die der Lesegesellschaften und politischen Geheimbünde. Dabei haben aus der ersten Phase [Überblick bei 122: VAN DÜLMEN, Gesellschaft] in jüngerer Zeit neben der grundlegenden Untersuchung von L. HAMMERMAYER über die Bayerische Akademie der Wissenschaften [383] vor allem die Sprachgesellschaften besondere Aufmerksamkeit gefunden [143: OTTO, Sprachgesellschaften; 150: STOLL, Sprachgesellschaften; 111: BIRCHER/V. INGEN (Hrsg.), Sprachgesellschaften; 141: MÜLLER, Entstehung].

Eine Systematik der Gruppierungen der zweiten und dritten Phase hat O. DANN in seiner Typologie der „neuen Vereine" gegeben [114: Anfänge]. Seine Einteilung in Patriotische Gesellschaften, Lesegesellschaften, Geheimbünde, informelle Aktionsgruppen, politische Diskussionszirkel, studentische Reformgruppen und national-politische Unterstützungsvereine hat das weite Feld dieser Organisationen etwas überschaubarer gemacht [dazu im einzelnen 108: AGETHEN, Aufklärungsgesellschaften]. Typologie der „neuen Vereine"

Besonderes Interesse haben die Geheimbünde und Freimaurer gefunden. Ihre Zusammensetzung und ihr Wirken sind in einer Reihe von Arbeiten unter verschiedenen Aspekten erforscht worden [136:LUDZ (Hrsg.), Geheime Gesellschaften; 109: AGETHEN, Geheimbund und Utopie; 146: REINALTER (Hrsg.), Freimaurer und Geheimbünde; 118: DOTZAUER, Freimaurergesellschaften am Rhein; 110: BALÁZS u. a. (Hrsg.), Beförderer der Aufklärung]. Dabei haben das Prinzip der Geheimhaltung, die hierarchischen Strukturen, die bisweilen mystisch-irrationalen Elemente und deren innerer Widerspruch zu den Idealen der Aufklärung die Bedeutung dieser Gruppierungen für das Entstehen einer aufgeklärten Öffentlichkeit immer wieder als zweifelhaft erscheinen lassen [zu dieser Debatte 108: AGETHEN, Aufklärungsgesellschaften, 443 ff.; 147: SCHINDLER, Freimaurerkultur; 95: KOSELLECK, Kritik und Krise, 49 ff.; 149: SOLF, Geheimhaltung]. Geheimbünde und Freimaurer

Versuche, die Fülle der Einzelforschungen über das institutionell-organisatorische Fundament der Aufklärung zusammenzufassen, wurden seit Beginn der achtziger Jahre mehrfach unternommen [117: DOTZAUER, Aufklärung und Sozietäten; 132: IM HOF, Das gesellige Jahrhundert; 122: VAN DÜLMEN, Gesellschaft; 123: FISCHER, Aufklärung]. In seiner knapp gefaßten Gesamtdarstellung hat H. MÖLLER [139: Vernunft und Kritik] daneben auch den geistesgeschichtlichen Aspekt, der zeitweise eher zurückgetreten war, wieder zur Geltung gebracht. Zusammenfassende Darstellungen

Aufklärerische Gesellschaften und bürgerliche Vereine

Während die Aufklärungsforschung die Eigenständigkeit der aufklärerischen Gesellschaften hervorhebt, betont die Vereinsforschung eher ihren Charakter als Vorformen des Vereins [142: NIPPERDEY, Verein]. Insbesondere die Lesegesellschaften hatten in der Tat so etwas wie eine Brückenfunktion; häufig aus Freimaurerlogen hervorgegangen, wandelten sie sich vielfach zu geselligen Vereinen neuen Typs.

Vereine und bürgerliche Gesellschaft

Steht die Erforschung der Aufklärungsgesellschaften im Zeichen des Durchbruchs der bürgerlichen Gesellschaft, so die der späteren Vereine unter dem ihrer Entfaltung. Die zunehmende Spezialisierung der Vereinszwecke [39: NIPPERDEY, Deutsche Geschichte 1800–1866, 269] und die Erfassung immer breiterer sozialer Schichten werden als der bürgerlichen Gesellschaft inhärente Erscheinungen angesehen. Ja, vielfach erscheint das Vereinswesen als unmittelbares und besonders aussagekräftiges Spiegelbild von Entwicklungstendenzen der bürgerlichen Gesellschaft.

Vereine und die Anfänge des Parteiwesens

Eine zentrale Frage der Vereinsforschung ist die nach dem Zeitpunkt des Entstehens politischer Vereine und mit ihnen der Vorläufer von Parteien im modernen Sinne [114: DANN, Anfänge]. Im Hinblick auf den Vormärz ist C. FOERSTER dieser Frage detailliert am Beispiel des Preß- und Vaterlandsvereins nachgegangen [124]. Über einige zentrale politisch ausgerichtete Vereinstypen und die Wahlvereine des Vormärz liegen weitere Studien vor [119: DÜDING, Organisierter Nationalismus; 130: HAUSER, Anfänge]. Das Hauptgewicht liegt jedoch auf der Entwicklung im Vorfeld und in der Revolution von 1848/49 [134: LANGEWIESCHE, Anfänge; 135: DERS., Vereins- und Parteibildung; 113: BOLDT, Anfänge; 144: PASCHEN, Demokratische Vereine; 126: GEBHARDT, Revolution und liberale Bewegung].

Mangel an lokalen Gesamtuntersuchungen des Vereinswesens

Angesichts der inzwischen erreichten Fülle von Studien zu den einzelnen Vereinstypen erscheint es erstaunlich, wie relativ selten bisher, von Ausnahmen wie der Studie von ILLNER [131] und einigen anderen abgesehen, ein anderer Weg beschritten worden ist, nämlich zu versuchen, das gesamte Vereinswesen in einem lokal begrenzten Untersuchungsraum zu erfassen und in den Wechselwirkungen zwischen den einzelnen Vereinen und Vereinstypen zu analysieren. Dabei könnten auch noch stärker lebensweltliche und alltagsgeschichtliche Fragestellungen mit einbezogen und für die Untersuchung nutzbar gemacht werden.

Inwieweit die Konzentration der deutschen Forschung auf die institutionell-organisatorische Ebene des „Vereins" dem französischen Konzept einer Untersuchung des eher umfassenden, organisatorische, individualpsychologische und politisch-soziologische Aspekte umgreifenden Phänomens *„sociabilité"* unterlegen ist, wird gegenwärtig debattiert [125: FRANÇOIS (Hrsg.), Geselligkeit]. Zu einer Erweiterung des Problemhorizontes könnte auch die stärkere Einbeziehung der älteren Organisationen aus der ständischen Gesellschaft – der Zünfte, Bruderschaften, Schützengesellschaften – und die Untersuchung ihres Wandels in der modernen bürgerlichen Gesellschaft beitragen.

Die Kategorie der „sociabilité"

5. Einfluß und Auswirkungen der Französischen Revolution

Die Frage, welchen Einfluß und welche konkreten Auswirkungen die Französische Revolution in Deutschland gehabt hat, stand lange Zeit im Zeichen der übergreifenden Frage, warum es in Deutschland nicht zu einer Revolution gekommen sei. Dahinter verbarg sich vielfach eine dichotomische Auffassung von Revolution und Reform als zwei grundsätzlich verschiedenen Wegen in die Moderne, wobei dem deutschen Reformweg nach den Erfahrungen von Weimar und der NS-Zeit oft das Verdikt eines unheilvollen „Sonderwegs" zugeschrieben wurde [R. REICHARDT, Die Französische Revolution als Maßstab des deutschen Sonderwegs? in: 180: VOSS (Hrsg.), Deutschland und die Französische Revolution, 323–327].

Grundsätzliche Perspektive

Abgesehen von der Tatsache, daß der Ausbruch der Revolution in Frankreich von vielen, auch kontingenten Faktoren abhängig, d. h. daß auch in Frankreich 1789 die historische Entwicklung grundsätzlich offen war, werden in der Literatur vor allem strukturelle Unterschiede zwischen dem vorrevolutionären Frankreich und dem Alten Reich, etwa die Zersplitterung der Territorien und ihre Auswirkungen auf die Gesellschaft, zur Erklärung der unterschiedlichen Entwicklung hervorgehoben [zusammenfassend zuletzt 38: MÖLLER, Fürstenstaat oder Bürgernation, und 44: WEHLER, Gesellschaftsgeschichte].

Strukturelle Unterschiede zwischen dem vorrevolutionären Frankreich und dem Reich

Zu ihnen gehört auch die unterschiedliche Ausprägung des französischen und des deutschen Absolutismus, auf die insbesondere K. O. v. ARETIN immer wieder hingewiesen hat. Nie habe der Absolutismus in Deutschland so ausschließlich und willkürlich geherrscht wie in Frankreich. „Eine Einrichtung wie die Bastille war im Reich undenkbar. Dafür sorgten die Obersten Reichsgerichte, der Reichshofrat in Wien und das Reichskammergericht in Wetz-

Französischer und deutscher Absolutismus

lar" [Deutschland und die Französische Revolution, in: 153: DERS./ HÄRTER (Hrsg.), Revolution, 11; s. a. 170: REICHARDT, Bastillen in Deutschland?]. Vor allem aber sei der Absolutismus vielerorts „aufgeklärt" gewesen, hätten sich die Monarchen an der deutschen wie an der französischen Aufklärung orientiert [148: SCHLOBACH, Französische Aufklärung und deutsche Fürsten]. Dies habe dazu beigetragen, daß viele Konfliktpotentiale frühzeitig rechtlich eingehegt und damit „entschärft" wurden. Zudem sei die Finanzsituation in Deutschland lange nicht so katastrophal wie in Frankreich, die Stellung des Bauerntums im allgemeinen günstiger und die politische Entmündigung der Untertanen, bei großen regionalen und lokalen Unterschieden, insgesamt nicht so weitgehend gewesen [54: v. ARETIN (Hrsg.), Der Aufgeklärte Absolutismus; 28: KOPITZSCH (Hrsg.), Aufklärung].

Neue Perspektiven: Die Interdependenz von Revolution und Reform

In der neueren Forschung steht allerdings nicht mehr so ausschließlich die Frage nach den Gründen für das Ausbleiben einer Revolution in Deutschland im Zentrum. Es werden im Gegenteil vielfach die reformerischen Züge in der Revolution und die revolutionären Elemente in den Reformen hervorgehoben, und davon ausgehend wird auch die Frage formuliert, „ob Revolution und Reform noch zu Recht als zwei konträre Wege in die Moderne begriffen werden oder ob es nicht vielmehr an der Zeit ist, stärker über die komplementären Beziehungen zwischen revolutionärem und reformerischem Wandel nachzudenken" [155: BERDING u. a. (Hrsg.), Deutschland und Frankreich, 7]. Die mannigfachen Zusammenhänge und Wechselwirkungen zwischen der Revolution in Frankreich und den Reformen in Deutschland könnten, so die daran ge-

Vordringen regionalhistorisch und komparatistisch-kulturhistorischer Ansätze

knüpfte Anregung, weit besser als mit dichotomischen Modellen mit Hilfe eines komparatistischen Ansatzes erfaßt werden, der versucht, den „tatsächlichen Abstand zwischen revolutionärem und reformerischem Wandel präzise zu bestimmen" [ebd., 12]. Insgesamt ist die neuere Forschung vor allem durch eine Schwerpunktverlagerung auf politisch-soziale Regionalstudien und durch die zunehmende Verwendung komparatistisch-kulturhistorischer Ansätze gekennzeichnet.

Konfliktforschung

In jüngster Zeit wurde in diesem Zusammenhang vor allem die Erforschung sozialer Konflikte im ländlichen wie im städtischen Bereich am Ende des 18. Jahrhunderts intensiv vorangetrieben. In diesem Rahmen kann die Breitenwirkung und Zielrichtung radikalerer Strömungen in Deutschland genauer untersucht werden [328: BERDING (Hrsg.), Soziale Unruhen; s. a. W. MÜLLER, Munizipalrevolution und Stadtrevolte, in: 153: ARETIN/HÄRTER, Revolution, 95–104]. Zusammenfassend kann man auf der Grundlage der bisherigen Forschungen sagen: 1. Die Zahl der Unruhen nahm im letzten Jahrzehnt des 18. Jahrhunderts erheblich zu (wobei man fragen könnte, ob die Zahl der Unruhen steigt oder nur die Information darüber, weil man ihnen unter dem Eindruck der Französischen Revolution einen anderen Stellenwert zuschreibt). Allerdings gab es auch gegenläufige Tendenzen. V. PRESS hat darauf hingewiesen, daß, insbesondere in den Reichsstädten, unter dem Eindruck der Französischen Revolution eine Wiederannäherung der vormaligen Konfliktparteien zu beobachten sei [169: Reichsstadt und Revolution]. 2. Die Konflikte hatten lokale Ursachen. Es kam zwar zu einer Politisierung (Übernahme revolutionärer Aktionsformen und Symbole) und Mobilisierung, nicht aber zu einer überregionalen Ausweitung von Unruhen. 3. Die Revolten der Umbruchzeit lassen sich nicht einfach einem Typ von Protestformen zuordnen. Es ist jeweils zu untersuchen, wie sich Protestformen vom „type ancien" mit modernen Protestformen vermischten [dazu v. a. 328: BERDING (Hrsg.), Soziale Unruhen, u. CLAUDIA ULBRICH, Traditionale Bindung, revolutionäre Erfahrung und soziokultureller Wandel, in: 153: ARETIN/HÄRTER, Revolution, 113–130].

Lange Zeit beschränkte sich die Untersuchung der ideellen Ausstrahlung der Französischen Revolution auf eine schmale Schicht der geistigen Elite in Deutschland – Thema war hier vor allem deren zunächst positive Einstellung zur Revolution und das Umschlagen der Stimmung nach der Radikalisierung 1792 und der Hinrichtung des Königs Anfang 1793 [R. VIERHAUS, „Sie und nicht wir". Deutsche Urteile über den Ausbruch der Französischen Revolution, in: 180: VOSS (Hrsg.), Deutschland und die Französische Revolution, 1 ff.; 157: BUHR u. a. (Hrsg.), Republik der Menschheit, 1989]. Breiter angelegt sind neuere Forschungen, die mit mentalitäts- und symbolgeschichtlichen Ansätzen die sozial- und kulturgeschichtlichen Rückwirkungen der Revolution auf größere Bevölkerungsschichten erforschen. REICHARDT faßt dies mit dem Begriff des „kulturellen Transfers", womit er „nicht mehr oder weniger vage ideengeschichtliche Beziehungen, sondern den Umschlag konkreter kultureller Güter wie Bücher, Gesetze, die Übernahme oder Nachahmung von Symbolen und Symbolhandlungen wie trikolorefarbene Kokarden, Freiheitsbaumpflanzungen und Juli-Feiern" meint [Die Französische Revolution in Deutschland – Thesen für einen komparatistischen kulturhistorischen Neuansatz, in: 153: ARETIN/

Von der Geistes- zur Mentalitätsgeschichte

„Kultureller Transfer"

HÄRTER (Hrsg.), Revolution, 23]. Ein Forschungsschwerpunkt ist dabei die Publizistik der Revolutionszeit als des wichtigsten Mediums eines solchen Kulturtransfers. Der mentalitätsgeschichtliche Ansatz ist häufig mit einer Perspektive verbunden, die sich am Alltag der „kleinen Leute" orientiert [U.MÖLLNEY, Welthistorisches Ereignis und Alltag: Die Französische Revolution und ihr publizistisches Echo am Beispiel Braunschweiger Periodika, in: 153: ARETIN/ HÄRTER (Hrsg.), Revolution, 59–71.]. Die Rhetorik und Symbolik der Revolution haben LÜSEBRINK und REICHARDT anhand der Bastillesymbolik untersucht. Sie kommen zu dem Schluß, daß mit der Bastillesymbolik zentrale Begriffe wie „Despotismus", „Volkssouveränität" und „Tyrannei" Eingang in den deutschen politischen Sprachgebrauch gefunden haben [166: Die Bastille].

Von der Geistes- zur Mentalitätsgeschichte

Verallgemeinernd läßt sich sagen, daß die Wirkung der Französischen Revolution im Bereich des kulturellen Transfers „vor allem eine indirekte, langfristige und katalytische war: Einerseits wurde die Entwicklung der ‚politischen Kultur' in Deutschland beschleunigt, andererseits aber insbesondere das negative Bild der jakobinischen Revolution bestätigt und damit die Attitüde für einen gemäßigten gesellschaftlichen Wandel verstärkt" [153: ARETIN/HÄRTER (Hrsg.), Revolution, 4].

6. Die Bedeutung der Reformzeit

In der Tradition der borussisch-nationalen Geschichtsschreibung des 19. Jahrhunderts hat es lange Zeit eine gewisse Überbewertung der preußischen Reformen gegeben. Sie ging nicht selten mit einer Unterschätzung und gelegentlich bewußten Herabstufung der Rolle und Bedeutung der Reformen in den sogenannten Rheinbundstaaten Hand in Hand. Das hat sich seit den siebziger Jahren grundsätzlich geändert, nachdem vorher vor allem FRANZ SCHNABEL in seiner „Deutschen Geschichte im 19. Jahrhundert" und in einer Reihe von kleineren Studien, so insbesondere über die badischen Politiker Liebenstein und Reitzenstein, in dieser Richtung vorangegangen war. Schrittmacherdienste haben hier insbesondere die Arbeiten von H. BERDING [183: Napoleonische Gesellschaftspolitik], E. FEHRENBACH [195: Traditionale Gesellschaft] und E. WEIS [229: Montgelas; 228: DERS., Einfluß der französischen Revolution; 230: DERS. (Hrsg.), Reformen] geleistet. In jüngster Zeit wurden parallel dazu neben den Ergebnissen der preußischen Reformen auch die Motive der Re-

„Kultureller Transfer"

Rhetorik und Symbolik der Revolution

formbürokratie einer kritischen Neubewertung unterzogen [bes. akzentuiert 44: WEHLER, Deutsche Gesellschaftsgeschichte, Bd. 1]. Das gilt nicht zuletzt für die lange Zeit vorherrschende Auffassung, es sei den preußischen Reformern im Unterschied zu den Rheinbundreformern nicht so sehr um eine Stärkung der Macht und der Eingriffsrechte des bürokratischen Anstaltsstaates gegangen als vielmehr um einen neuartigen Ausgleich von Staat und Gesellschaft durch verstärkte Einbeziehung der gesellschaftlichen Kräfte und Berücksichtigung ihrer Interessen. So haben schon R. KOSELLECK [30: Preußen zwischen Reform und Revolution, 217] und jüngst erneut M. BOTZENHART [187: Wandlungen der ständischen Gesellschaft] darauf hingewiesen, daß die Mehrzahl auch der preußischen Beamten einschließlich der Reformer davon ausgegangen sei, „daß das Gemeinwohl in den Händen der Verwaltung besser aufgehoben sei als im Schoße einer von partikularen Interessen bestimmten Volksvertretung, ja, daß die Freiheit ungleich mehr auf der Verwaltung als auf der Verfassung beruhe (Barthold Georg Niebuhr)". Diese Überzeugung habe beispielsweise im Gendarmerie-Edikt von 1812 seinen deutlichen Niederschlag gefunden, das Administration und Repräsentation in Gestalt des staatlich ernannten Kreisdirektors zusammenführte und an dessen Seite eine aus Vertretern von Grundadel, Bauern und Bürgertum paritätisch zusammengesetzte (ständische) Kreisverwaltung stellte, die das adlige Landratsamt ablöste [60: BOTZENHART, Verfassungsproblematik, 444 f.].

Die modernisierende, zugleich egalisierende und mobilisierende Wirkung sowohl der Gewerbe- als auch der preußischen Steuerreformen, die sich in ihren Konsequenzen gegen die ständische Gesellschaftsordnung richteten, steht jedoch nach wie vor außer Frage [zuletzt 226: VOGEL, Gewerbefreiheit; 231: v. WITZLEBEN, Staatsfinanznot; 60: BOTZENHART, Verfassungsproblematik].

Größere Beachtung hat die Forschung jedoch, wie gesagt, in letzter Zeit den Rheinbundreformen geschenkt, deren Beitrag zur Modernisierung mittlerweile auf der Grundlage regionaler Fallstudien gut dokumentiert ist. Eindeutig zeichnet sich dabei neben Preußen und den Modellstaaten Berg und Westfalen ein dritter Strukturtyp von Reformstaaten ab: Die drei süddeutschen Staaten Bayern, Baden und Württemberg werden meist gemeinsam behandelt und oft in einem Atemzug genannt [FEHRENBACH, ULLMANN, DEMEL, SAUER, BERDING, WEIS, WUNDER]. Diese Trias läßt sich um Hessen-Darmstadt ergänzen [199: FRANZ, Hessen-Darmstadt; 219: SCHULZ, Herrschaft]. Ihnen allen ist zum Teil während der napoleonischen

Drei Typen von Reformstaaten

Herrschaft, spätestens aber seit den ersten Jahren nach dem Wiener Kongreß eine deutliche Disposition zum Verfassungsstaat eigen [25: FEHRENBACH, Ancien Régime, 85, 91].

Zu den mittlerweile auf breiter Grundlage erforschten Reformen der napoleonischen Zeit, die wesentliche Voraussetzungen für die Entfaltung der bürgerlichen Gesellschaft schufen, gehören:

Schwerpunkte der Reformen: Die Verwaltungsreformen   1. die territoriale Gebietsvereinheitlichung und die zentralistische Verwaltungsreform, die den gesamtgesellschaftlichen Integrationsprozeß beförderten [zusammenfassend zuletzt die entspr. Abschnitte in Band 2 der Deutschen Verwaltungsgeschichte, hrsg. v. KURT G. A. JESERICH u.a.; 25: FEHRENBACH, Ancien Régime; s.a. DIES., Der Einfluß des napoleonischen Frankreich auf das Rechts- und Verwaltungssystem Deutschlands, in: A. REDEN-DOHNA (Hrsg.), Deutschland und Italien im Zeitalter Napoleons, 1979, 23–38];

Die Adelsreformen   2. die politische, z.T. auch soziale Teilentmachtung des Adels durch Mediatisierung und Entprivilegierung, mit der ein Grundpfeiler der ständischen Gesellschaftsordnung herausgebrochen wurde [195: FEHRENBACH, Traditionale Gesellschaft; 246: DEMEL, Adelsstruktur]. Allerdings ist jüngst der Akzent wieder stärker auf das Element der Beharrung gelegt worden, auf die Selbstbehauptung des Adels in gesellschaftlichen Führungspositionen: „In den deutschen Reformstaaten", so E. FEHRENBACH, „konnte weder die staatliche Funktionalisierung noch die ‚Einbürgerung' des Adels in eine grundbesitzende Gesellschaftsklasse durchgesetzt werden, auch wenn die Weichen in dieselbe Richtung gestellt wurden. Die Entwicklung blieb hinter der französischen zurück" [253: Adel in Frankreich und Deutschland, 205; s.a. 298: REIF, Westfälischer Adel; davor schon 285: A. J. MAYER, Adelsmacht und Bürgertum, als Hauptvertreter dieser These und H. BERDING (183: Napoleonische Gesellschaftspolitik) zur napoleonischen Notabelnpolitik, die Züge einer Refeudalisierung enthielt];

Die Finanzreformen   3. die Finanz- und Steuerreformen, deren wichtigste Bestandteile die Begründung eines überpersonalen, kommerzialisierten Staatskredits, die Entstehung des modernen Steuerstaates und die egalisierende, z.T. sozial motivierte Steuergesetzgebung waren [s.v.a. 222: ULLMANN, Staatsschulden und Reformpolitik; 221: DERS., Badische Reformen; 219: SCHULZ, Herrschaft]. Die stark unter dem Einfluß des Finanzsoziologen Fritz Karl Mann stehende sozialwissenschaftliche Arbeit A. VON WITZLEBENS kommt für die preußische Reformzeit zu den gleichen, noch schärfer pointierten

Ergebnissen. Witzleben glaubt, daß die Finanznot „in weiten Teilen" der Grund für die Stein/Hardenberg'sche Reformgesetzgebung
1807–1820 gewesen sei [231: Staatsfinanznot, 86 ff.; 215: SCHISSLER,
Preußische Finanzpolitik];

4. die Gemeindereformen, die einerseits zu einer „Verstaatli- Die Gemeinde-
chung" der Kommunen führten, aber gleichzeitig auch eine Mobi- reformen
lisierung und soziale Dynamisierung der städtischen Bürgergemein-
den bewirkten [s. u. a. 167: J. MÜLLER, Von der alten Stadt zur
neuen Munizipalität; 206: MÜLLER/GRAUMANN, Französische Verwaltung, 73 ff.; als Gesamtüberblick zuletzt 260: GALL (Hrsg.),
Vom alten zum neuen Bürgertum, wobei die meisten Beiträge den
Akzent stärker auf die Beteiligung des Bürgertums an den Reformen legen];

5. die Auswirkungen der Reformzeit auf den Strukturwandel
der Wirtschaft. Sie sind nicht nur von jeher kontrovers beurteilt Die Wirtschaftspo-
worden, sondern sie sind auch als Forschungsgegenstand schwer zu litik der Reformzeit
umreißen. Dies liegt, wie Wolfram Fischer festgestellt hat [197: FI-
SCHER, Wirtschaft und Wirtschaftspolitik, 243], zum einen daran,
daß Deutschland um 1800 aus vielfach gegliederten Wirtschaftsre-
gionen bestand und keinen einheitlichen Wirtschaftsraum bildete.
Zum anderen stellte die napoleonische Wirtschaftspolitik die einzelnen Sektoren Landwirtschaft, Gewerbe und Handel und vor allem
die verschiedenen Regionen vor ganz unterschiedliche Probleme.
Aus einer kaum mehr überschaubaren Flut von Einzelveröffentli-
chungen schält sich als gemeinsame Erkenntnis heraus, daß sich
zwischen 1780 und 1820 die Ausgangsbedingungen zumindest für
Kreditgewerbe und Kapitalmarkt, Groß- und Transithandel, Ver-
kehrswesen und Textilindustrie deutlich verbesserten [224: ULL-
MANN, Frankfurter Kapitalmarkt; 203: KUTZ, Außenhandel; 185:
BERDING, Reform des Zollwesens; 193: DUFRAISSE, L'influence]. Ein
steiler Aufwärtstrend war unverkennbar. Es kam zu einer Art Initi-
alzündung für die Entstehung eines dichter vernetzten Wirtschafts-
raums und eine Modernisierung der Produktionsstrukturen. Dabei
handelte es sich jedoch im Grunde nur um eine Beschleunigung von
„Entwicklungen, die ohnehin im Gange waren" [197: FISCHER,
Wirtschaft und Wirtschaftspolitik, 246]. Hans-Ulrich Wehler hat un-
längst davor gewarnt, die „durchaus positive ökonomische Bilanz,
die manchem altertümlichen Negativurteil den Garaus bereitet", zu
überzeichnen. Bei einer Wohlstandssteigerung unter dem Strich sei
doch von einer „radikal" ungleichen Besitz- und Einkommensver-
teilung und einem rasch voranschreitenden „Dichotomisierungspro-

Die Agrarreformen

zeß" zwischen Kapital und Arbeit auszugehen [227: WEHLER, Wirtschaftlicher Wandel, 116ff.].

Als Kern der Sozialreformen in der Umbruchszeit gelten die Agrarreformen nach 1800. Die sogenannte „Bauernbefreiung" blieb zwar in den Ansätzen stecken, aber ihre Einordnung in den Prozeß der Überführung feudalständischer Abhängigkeitsverhältnisse in privatrechtliche Eigentumsbeziehungen auf dem Land ist in der Forschung unumstritten. Die Agrarreformen der Rheinbundzeit schufen grundlegende Voraussetzungen für die Entfaltung der kapitalistischen Produktionsweise [288: MOOSER, Ländliche Klassengesellschaft; Überblicksdarstellungen 191: DIPPER, Bauernbefreiung; T. PIERENKEMPER, Englische Agrarrevolution und preußisch-deutsche Agrarreformen, in: 40: DERS. (Hrsg.), Landwirtschaft und industrielle Entwicklung, 16f.; F.-W. HENNING, Der Beginn der modernen Welt im agrarischen Bereich, in: 29: KOSELLECK (Hrsg.), Studien, 97–114; 288: MOOSER, Ländliche Klassengesellschaft; zur regionalen Ausprägung dieses Prozesses: 201: v. HIPPEL, Bauernbefreiung im Königreich Württemberg, Bd. 1, bes. 305–517; 198: FLECK, Agrarreformen in Hessen-Darmstadt; 200: HARNISCH, Kapitalistische Agrarreform; 305: SCHISSLER, Preußische Agrargesellschaft]. Alle diese Studien zeigen, daß die „Freisetzung der Agrarproduzenten aus den feudalen Bindungen" [T. PIERENKEMPER, a.a.O. 17] ein konfliktreicher, komplexer gesellschaftlicher Vorgang war, dessen erster entscheidender Schritt in der Reformzeit getan wurde und der sich noch über mehr als ein halbes Jahrhundert bis etwa 1850 hinziehen sollte.

Die Bildungs-
reform

6. die (für die Rheinbundzeit noch wenig untersuchten) Bildungsreformen, die langfristig soziale Mobilität beförderten [vgl. den die Fixierung auf Preußen durchbrechenden Aufsatz von SPEITKAMP, 418: Staat und Bildung in Deutschland, ansonsten s. unten Abschn. 9].

Grundcharakter
der Reformen

Insgesamt wird einerseits die modernisierende Wirkung der Reformzeit betont, andererseits darauf verwiesen, daß die Nivellierung der Ständegesellschaft nur begrenzt intendiert war, weil der Adel zum Teil bewußt geschont wurde, um ihn „als Elite und als Stütze der Monarchie zu erhalten" [286: MÖCKL (Hrsg.), Hof und Hofgesellschaft, Einleitende Bemerkungen, 13; 253: FEHRENBACH, Adel in Frankreich und Deutschland, 205f.; 183: BERDING, Napoleonische Gesellschaftspolitik]. Eine ausschließlich positive Bewertung der Modernisierungsleistungen ist schon insofern zweifelhaft, als die Reformen mehr Widerstand als Zustimmung hervorrie-

fen [219: SCHULZ, Herrschaft, 261]. Gleichzeitig wird erneut die
Frage nach einem Strukturvergleich zwischen Preußen und dem
Rheinbund aufgeworfen, der zwar mehrfach gefordert, aber bislang
nur in Ansätzen [FEHRENBACH, WEIS] oder im Rahmen größerer
Darstellungen unternommen worden ist [44: WEHLER, Deutsche Gesellschaftsgeschichte, Bd. 1; 39: NIPPERDEY, Deutsche Geschichte
1800–1866]. Auch die seit Jahrzehnten überfällige Gesamtdarstellung der Rheinbundzeit [zuletzt 41: RAUMER, Deutschland um 1800]
– die Preußen einbeziehen müßte – steht nach wie vor aus.

    Besonders intensiv widmete sich die Forschung in jüngster Zeit
der Rolle und Bedeutung der Bürokratie [Forschungs-Überblick bei
290: O'BOYLE, Some Recent Studies]. B. WUNDER hat darauf hingewiesen, daß „Bürokratie" ursprünglich ein „Kunstwort" gewesen
sei, „mit dem die Anhänger des entstehenden Wirtschaftsliberalismus ihre Gegner verspotteten" [232: Bürokratie in Deutschland,
7 f.]. Bezeichnenderweise fand der Begriff in der Rheinbundzeit und
v. a. dann im Vormärz in Deutschland „ungeheure Verbreitung" in
der politisch-sozialen wie in der Alltagssprache. Er entwickelte sich
zum Kampfbegriff des Liberalismus, der weniger in der Monarchie
als vielmehr in der Bürokratie als real herrschender Gewalt den
Gegner sah, der Volkssouveränität, Selbstverwaltung und Freiheit
verhinderte. Die Begriffsgeschichte spiegelt hier sehr deutlich den
Wandel des Herrschaftscharakters des modernen Staates wider, der
sich vom personalen Absolutismus zum bürokratischen Anstaltsstaat entwickelte.

    Wunder kommt zu dem Ergebnis, daß der säkulare, gesamteu-
ropäische Prozeß des Übergangs von patrimonialer zu bürokratischer Herrschaftsorganisation erst mit der Entstehung des professio-
nalisierten (Berufs-)Beamtentums seit 1800 zu einem gewissen Ab-
schluß gekommen sei. In den Jahrhunderten vor der „rheinbün-
disch-preußischen Reformzeit" seien nur „einzelne Schritte und iso-
lierte Maßnahmen" [ebd. 18] zu verzeichnen. Das geburtsständisch
strukturierte Rekrutierungssystem, das den Adel und bereits etablierte Juristenfamilien bevorzugte, habe eine Sozialdisziplinierung
und eine leistungsorientierte Verwaltungshierarchie verhindert. Ergebnis der Reformzeit sei „die Durchsetzung einer neuen Personal-
rekrutierungs- und Personalpolitik in einem System koordinierter
Einzelmaßnahmen", die Schaffung einer staatsabhängigen, qualifi-
zierten und effizienten Bürokratie gewesen. Sie sei durch die Bindung ihrer Rechte an Verfassung und Dienstordnungen materiell
fest der jeweils bestehenden Ordnung verpflichtet worden.

Marginalien:

Frage eines Struk-
turvergleichs zwi-
schen Preußen und
dem Rheinbund

Die Reformbüro-
kratie als Träger
der Modernisie-
rung

Der organisations-
theoretische For-
schungsansatz:
BERND WUNDER

Die Bürokratie als
moderne Herr-
schaftselite:
SCHMOLLER,
HINTZE, ROSENBERG

Den Ausgangspunkt sozialgeschichtlicher und herrschaftssozio-
logischer Untersuchungen bildet die Erforschung des Beamtentums
als moderner Herrschaftselite durch GUSTAV SCHMOLLER [Umrisse
und Untersuchungen zur Verfassungs-, Verwaltungs- und Wirtschaftsgeschichte besonders des Preussischen Staates im 17. und 18.
Jahrhundert, 1898], OTTO HINTZE [Der Beamtenstand, ND in: DERS.,
Beamtentum und Bürokratie, 1981, 16–77] und HANS ROSENBERG
[210: Bureaucracy]. Während diese Studien noch die historische Genese und konkrete Ausprägung des Beamtentums vom Herrschafts-
instrument absolutistischer Systeme bis zur Funktionselite moderner Staaten zum Gegenstand hatten, liegt das Schwergewicht heute
deutlich auf einer sozialhistorisch-soziologischen Bestimmung. Neben einigen neueren Gesamtdarstellungen [266: HATTENHAUER, Geschichte des Beamtentums; 268: HENNING, Deutsche Beamtenschaft; 232: WUNDER, Bürokratie in Deutschland], die v. a. die soziale und materielle Privilegierung des Beamtentums durch den
Staat im Laufe des 19. Jahrhunderts nachzeichnen, analysieren zwei

Zwei neue Fall-
studien

neuere Fallstudien auf regionaler Ebene [220: TREICHEL, Primat der
Bürokratie (f. Nassau); 320: WALTER, Beamtenschaft in Münster]
den Herrschaftscharakter und die soziale Zusammensetzung dieser
homogenen gesellschaftlichen Elite, die in mancher Hinsicht an die
ständisch-korporative Abschließung der Adelselite im Ancien Régime erinnert.

.

Die Bürokratie als
selbständiger Herr-
schaftsträger

Eindeutig, so die gemeinsame Erkenntnis, entwickelte sich das
Staatsbeamtentum über den Status einer abhängigen Funktionselite
im Sinne Max Webers hinaus zumindest vorübergehend – nämlich
in der Übergangsphase von der ständischen zur bürgerlichen Gesellschaftsordnung – zu einem de facto selbständigen Herrschaftsträ-
ger, der in den vorkonstitutionellen Monarchien den sich stärker
auf seine höfisch-kulturellen Funktionen zurückziehenden Fürsten
vertrat [234: WUNDER, Reform der Beamtenschaft, hier 192; 219:
SCHULZ, Herrschaft]. Nach dem Akt der Privilegierung und Alimen-
tierung des neuen Herrschaftsstandes setzte mit zunehmender Professionalisierung auch die politische Disziplinierung der Beamtenschaft im Sinne des monarchischen Obrigkeitsstaates ein [233: WUN-
DER, Privilegierung und Disziplinierung].

7. Die Entwicklung einzelner gesellschaftlicher Gruppen

a. Der Adel

Noch 1989 wurde als „erstaunliche" Tatsache konstatiert, daß die Geschichte des Adels in Deutschland zu den Stiefkindern der Forschung gehöre [42: RITTER, Neuere Sozialgeschichte, 84]. Weder gebe es eine „Überblicksdarstellung" über den Adel in den deutschen Staaten – was bei den unterschiedlichen Adelstraditionen unerläßlich sei – noch „eine moderne Studie über die soziale oder auch nur politische oder wirtschaftliche Geschichte des altpreußischen ostelbischen Adels, dessen große Bedeutung für die Entwicklung Preußens und Deutschlands als wesentlicher Bestandteil der politischen, militärischen und sozialen Führungsschicht vor 1918 in vielen Werken zur deutschen Geschichte betont wird" [ebd.]. Gründe für diesen empfindlichen Mangel „vor allem im Quantitativen" sieht V. PRESS in seiner Einleitung zu einem Sammelband über den Wandel des Adels an der Schwelle des „bürgerlichen Zeitalters" darin, daß „der Adel seine privilegierte Stellung verloren hat und scheinbar gegenüber Bürgertum, Bauern und Arbeiterschaft zunehmend an Bedeutung einbüßte – und Historiker lieben es gerne, sich vorzugsweise jenen Kräften zu widmen, die den ‚Fortschritt' markieren" [294: Adel im 19. Jahrhundert, 19].

Die Tatsache, daß sich der Adel als (institutionalisierte oder informelle) Führungsschicht über Absolutismus und Revolution hinweg bis hinein in die Industriegesellschaft des letzten Drittels des 19. Jahrhunderts behauptete und dabei eine beachtliche Resistenz gegenüber dem doppelten Druck von bürokratischem Staat und bürgerlicher Gesellschaft bewies, ist zugleich geeignet, allzu pauschale Urteile über den Charakter des „bürgerlichen Zeitalters" zu relativieren [241: BRAUN, Konzeptionelle Bemerkungen; 262: GOLLWITZER, Standesherren, bes. 15–17]. In keinem anderen Bereich der „politischen Sozialgeschichte" sei, so schon FABER, die Formel von der „Gleichzeitigkeit des Ungleichzeitigen" so berechtigt wie im Hinblick auf die Geschichte des Adels, zumal im 19. Jahrhundert [252: Mitteleuropäischer Adel, 278]. Die gängige Vorstellung von der „Statik" der alteuropäischen Ständegesellschaft auf der einen und der „Dynamik" der bürgerlich-kapitalistischen Industriegesellschaft auf der anderen Seite ist durch die Erforschung sozialer Mobilität und die langsam in Gang

Der Adel als Stiefkind der Forschung

Behauptung des Adels in der bürgerlichen Gesellschaft

kommende neuere Adelsforschung bereits jetzt erheblich korrigiert worden.

Die Pilotstudie Heinz Gollwitzers

Schon in den 1950er Jahren hat H. GOLLWITZER speziell im Hinblick auf den Adel und auf die Thesen H. Rosenbergs die Maxime formuliert, „daß der Sozialprozeß nur zur einen Hälfte als eine Geschichte von Klassenkämpfen aufzufassen, zum anderen jedoch als ständige Herstellung von Kompromissen und Synthesen zu begreifen ist" [262: Standesherren, 346]. Sein Anstoß fand jedoch zunächst nur ein geringes Echo, wobei nicht zuletzt die Dogmatisierung der „bürgerlichen" Revolution insbesondere von marxistischer Seite lange Zeit den Zugang zur Adelsgeschichte zusätzlich versperrte [zu den Ansätzen von seiten der Geschichtswissenschaft der DDR zuletzt 317: VETTER, Der brandenburgische Adel]. Erst mit der

Heinz Reifs Untersuchung des münsterländischen Adels

Untersuchung von H. REIF über den münsterländischen Adel [298] fand die deutsche Forschung Anschluß an westliche Vorbilder [L. STONE, J. MEYER]. Geleitet von dem theoretischen Modell strukturell-funktionaler Sozialisation und der Elitentheorie Schumpeters untersuchte Reif die westfälische Adelsgesellschaft zwischen „feudal-ständischer und bürgerlicher Klassengesellschaft" [ebd., 19] insbesondere mit positionsanalytischen und prosopographischen Methoden. Diese Adelsgruppe erwies sich als Formation von großer sozialer Flexibilität, die ihren Wandel vom „Herrschaftsstand zur regionalen Elite" – so der Untertitel der Arbeit von Reif – in einem vielgestaltigen Anpassungsprozeß bewältigte, ohne ihre gesellschaftliche Exklusivität aufzugeben. Die Reaktionen dieses katholischen, stiftsfähigen Adels auf die Herausforderungen des politischen Systemwechsels und der ökonomischen Krisen analysierte Reif – wie vorher schon Gollwitzer in sozialpsychologischer Perspektive – im Bereich der Erziehungsnormen, des Konnubiums, der Schulausbildung und Religion.

Adel in Hessen-Kassel

Die Studie Reifs hat bisher nur wenige Nachfolger gefunden. Zu ihnen zählt die Arbeit G. W. PEDLOWs über den Adel in Hessen-Kassel [291: Hessian Nobility]. Der Autor weist nach, daß die staatliche Adelspolitik (zinsgünstige Darlehen, Ämterreservierung in den höheren Chargen) nicht minder wichtig für das Überleben des Adels als gesellschaftliche Führungsschicht gewesen ist als die vom Adel selbst betriebene Anpassung an „bürgerliche" Wertmuster (z. B. über die Ausbildung: Gymnasium, Jurastudium) [s. a. die Studie über die Versorgungsstrategien des Kleinadels von CHR. ARNEKE: 235].

Die von W. DEMEL in den vergangenen Jahren erarbeiteten Studien entwerfen bis zur Höhe des 19. Jahrhunderts ein differenziertes Bild adliger Vermögenslagen im Königreich Bayern – dessen Adel ein besonders heterogenes Konglomerat bildete [246: Adelsstruktur; 247: DERS., Wirtschaftliche Lage; 245: DERS., Der bayerische Adel]. Demel untersucht vor allem auch den Anteil des Adels an der Staatsverwaltung [so schon 293: PRERADOVICH, Führungsschichten]. Die jeweilige Konkurrenzgruppe der „Bürgerlichen" mit ihren ambivalenten Vorstellungen von „Stand" als einer Form von Leistungselite, die das „Gemeinwohl" repräsentiert, tritt dabei freilich eher zurück. Hinweise auf diesen Komplex liefert die Erforschung der Hofgesellschaften [286: MÖCKL (Hrsg.), Hof und Hofgesellschaft]. „Adel und Bürgertum", so MÖCKL , „standen durch das Medium der Hofgesellschaft in einer osmotischen Beziehung" [287: Der deutsche Adel, 110].

Der bayerische Adel

Die in der Adelsforschung mehrfach konstatierte „politische Heterogenität" der Adelsgruppen [etwa DEMEL für Bayern: 245: Der bayerische Adel, 135] gilt, wie R. M. BERDAHL [238] in einer Verbindung von sozialhistorischer und ideengeschichtlicher Perspektive gezeigt hat, für Preußen nur begrenzt [zur Geschichte der preußischen „Junker" zusammenfassend zuletzt 243: CARSTEN, Geschichte; generell zu den Einseitigkeiten der Fixierung der Forschung auf die „Junker": 297: REIF, Adel in der modernen Sozialgeschichte]. Berdahl betont im Gegenteil, wie sich der preußische Adel vielerorts durch Festhalten an Grundelementen der ständischen Kultur und Revitalisierung traditioneller Formen christlicher Lebensführung sowie die Ausbildung einer spezifischen konservativen Ideologie zu behaupten vermochte.

Der preußische Adel

b. Das Bürgertum

Die Feststellung von U. HALTERN aus dem Jahre 1985, daß „im Unterschied zur Geschichte der Arbeiterschaft und Arbeiterbewegung, Untersuchungen zur Gesellschaftsgeschichte des Bürgertums noch Mangelware seien" [91: Bürgerliche Gesellschaft, 86], erscheint heute, blickt man auf die Liste der einschlägigen Veröffentlichungen, weitgehend überholt. Bei näherem Hinsehen erweist sich freilich seine damalige Einschätzung, betrachtet man etwa die geringe Anzahl der Studien, die „überkommene Einordnungsschemata durch Erschließung neuer Quellenbereiche und Massendaten als quantitatives Korrektiv" in Frage stellen [ebd.], immer noch als zutreffend. Intensivere sozialgeschichtliche Untersuchungen sind auf

Rückstand der konkreten sozialhistorischen Forschung

diesem Gebiet nach wie vor eher selten, und vielfach dominieren in der Forschung noch die – oft sehr theoretischen – Diskussionen über die Definition des Untersuchungsgegenstands und den angemessenen methodischen Zugriff. Sie sind fraglos nützlich, ja, unerläßlich, aber es ist auch deutlich, daß die eigentliche Arbeit auf diesem Gebiet in vieler Hinsicht erst noch zu leisten ist.

Bisherige Forschungsfelder

Vorstöße in Richtung auf eine empirische Sozialgeschichte des Bürgertums gingen bisher von der Untersuchung einzelner Standes- bzw. Berufsgruppen mit einem deutlichen Schwergewicht auf den sogenannten bildungsbürgerlichen Gruppen, der Entwicklung in einzelnen Städten oder auch von großen bürgerlichen Familien unter Voranstellung generalisierender Fragen und Aspekte aus [307: SCHRAMM, Neun Generationen; 26: GALL, Bürgertum in Deutschland]. Als besonders eindrucksvoller Versuch einer umfassenden Interpretation der neuzeitlichen bürgerlichen Stadtgemeinde im

Die Untersuchung MACK WALKERS

Längsschnitt vom 17. bis ins 19. Jahrhundert galt lange Zeit MACK WALKERS „German Home Towns" [319]. Die deutsche Forschung ist diesem Vorbild zunächst allerdings nur begrenzt gefolgt – im Gegensatz zur anglo-amerikanischen und französischen, die sich freilich zumeist entweder auf die Frühe Neuzeit [so etwa 258: FRIEDRICHS, Nördlingen] oder auf das 19. Jahrhundert beschränkte [z. B. 236: AYÇOBERRY, Cologne]. Dadurch dominierten auch bei der Ana-

Epochengrenze als Grenze der Forschung

lyse und Betrachtung der Geschichte des städtischen Bürgertums lange Zeit die Zäsuren der allgemeinen Geschichte. Damit aber traten längerfristige, epochenübergreifende Wandlungsprozesse eher zurück [s. etwa 267: HAUPTMEYER, Isny; 314: SPETH, Isny (jeweils bis zur Mediatisierung); 289: NICOLINI, Köln (für die Kölner Führungsschichten am Ende des Alten Reiches); zuletzt noch 308: SCHULTZ, Berlin (für Berlin als Residenz von 1650 bis 1800)]. Das gilt in besonderem Maße für den in vieler Beziehung zentralen Übergang vom 18. zum 19. Jahrhundert. Hier hat die Untersuchung von R. KOCH über Frankfurt [274: Grundlagen] ihre besonderen Verdienste, indem sie gezielt über die erstarrten „Epochengrenzen der Forschung" hinausgreift und die Kontinuitätslinien herausarbeitet. Kochs Arbeit fügt sich, ausgehend von der frühliberalen Konzeption einer „Gesellschaft mittlerer Existenzen", zugleich in die Forschungsrichtung, die zunächst vor allem das Verhalten und den Wandel der städtischen Führungsgruppen im Zuge längerfristiger Entwicklungsprozesse in den Mittelpunkt rückte [237: BÁTORI/WEYRAUCH, Bürgerliche Elite; 304: SCHILLING/DIEDERIKS (Hrsg.), Bürgerliche Eliten].

Spezielle Impulse gingen von den Forschungen von E. FRAN-   E. FRANÇOIS' Studie
ÇOIS über Koblenz im 18. Jahrhundert aus [254]. Sie vermittelten für   über Koblenz
die Sozialgeschichte des Bürgertums im Zeitalter der Aufklärung
wichtige neue Einsichten und schärften – von der Basis demogra-
phischer Fragestellungen aus – den Blick für das soziale Profil einer
neuen bürgerlichen „Fraktion". Das hier gezeichnete Muster hat
sich inzwischen in einer Reihe weiterer Untersuchungen bestätigt
[133: KOPITZSCH, Hamburg; 112: BÖDECKER, Kassel]. Die innere
Einheit der „Fraktion" erscheint nach François allerdings eher fraglich. Zwar sei die Entwicklung der sich im Zeichen von Absolutismus und Aufklärung zusammenfindenden adeligen und bürgerlichen Beamten zu einem eigenen „Stand" offensichtlich. Diese
Gruppierung habe sich am stagnierenden Stadtbürgertum vorbei zu
einer Kraft entwickelt, die „weder zum absolutistischen Staat noch
generell zum Adel, der sich ihr in Teilen anschloß, in einem antago-
nistischen Verhältnis stand" [133: KOPITZSCH, Hamburg, 43]. Diese
Gruppe, die der vom Staat des aufgeklärten Absolutismus ins Auge
gefaßten gesellschaftspolitischen Zielperspektive einer „privilegierten, staatsnahen und staatsbewußten Führungsschicht" [30: KOSEL-
LECK, Preußen, 115] entsprach, bildete jedoch nur einen zahlenmäßig sehr kleinen Teil des „neuen Bürgertums".

Allerdings wird an der außerständischen Entwicklung etwa ge-   Bürgerstand und
rade des preußischen Beamtentums sehr deutlich, daß der traditio-   „neue Bürgerliche"
nelle Begriff des „Bürgerstandes als verbindliche soziale Ordnungs-
kategorie" schon im Verlauf des 18. Jahrhunderts nicht mehr aus-
reichte, „auch die Randgruppen im oberen und unteren Bereich des
bürgerlichen Sozialgefüges zu erfassen" [310: SCHWIEGER, Bürgertum
in Preußen, 157]. Diese „Randgruppen", im Verhältnis zum Stadtbürgertum quantitativ relativ unbedeutend [257: FREVERT, Bürgertum in
Deutschland], erscheinen in neueren sozialgeschichtlichen Synthesen
als die „neuen Bürgerlichen", die ihren Aufstieg außerhalb ständischer Normen den verschiedenen Evolutionsprozessen der neuzeitlichen Gesellschaft und ihrer Institutionen verdanken. Von ihnen, so
die These, „lebte zwar der größere Teil in den Städten gleich welchen
Typs, nicht wenige aber auch auf dem Lande" [44: WEHLER, Deutsche
Gesellschaftsgeschichte, Bd. 1, 204]. Aus diesem Umfeld hätten sich
auch, als „vorerst winzige Minderheit", die ersten „kapitalistischen
Unternehmer" rekrutiert, von denen viele – sozial wie politisch – eine
„Außenseiterposition" einnahmen, was „auch dadurch unterstri-
chen" worden sei, „daß sie nicht selten ... aus dem deutschen oder
europäischen Ausland stammten" [ebd. 205].

Offene Fragen

Ob eine solche, vom Stadt- und auch vom Bildungsbürgertum trotz vielfältiger Übergänge klar zu unterscheidende „Bourgeoisie" mit Blick auf das 18. Jahrhundert und die folgende Epoche des Übergangs allerdings mehr ist als eine historiographische Konstruktion, wird noch im einzelnen zu prüfen sein. Neuere sozial- und stadthistorische Untersuchungen auf der Basis von mit Mitteln der EDV erhobenen und verarbeiteten Massendaten lassen dies eher als zweifelhaft erscheinen [erste zusammenfassende Auswertungen bei 260: GALL (Hrsg.), Vom alten zum neuen Bürgertum].

HANS WERNER HAHNS Studie über Wetzlar

Als ein großangelegter Versuch in dieser Richtung kann H. W. HAHNS Studie über den Veränderungs- und Auflösungsprozeß der stadtbürgerlichen Gesellschaft Wetzlars zwischen 1689 und 1870 gelten [265]. Seine Fragen einerseits nach Elementen des Wandels innerhalb des Stadtbürgertums und andererseits nach den exogenen Einflüssen auf diese altständische Bürgergesellschaft lassen deutlich werden, wie abhängig das Gewicht beider Faktoren und ihre, positive oder negative, Interdependenz von der jeweiligen Situation war – hier einer nach Selbständigkeit und Selbstbehauptung strebenden Reichsstadt, die mit den Mitgliedern des Reichskammergerichts eine große Zahl von „Bürgerlichen" in ihren Mauern beherbergte.

Speyer und Koblenz

Das bestätigt sich, sozusagen vom anderen Ende des Spektrums her, in Studien über linksrheinische Städte in der Zeit der französischen Herrschaft [167: J. MÜLLER, Von der alten Stadt zur neuen Munizipalität: für Speyer und Koblenz], aus denen sich ein anschauliches Bild der Anpassungsfähigkeit des „Stadtbürgertums" an sich rapide wandelnde Strukturen ergibt. Dabei wird auch das jeweilige Wechselverhältnis zwischen den einzelnen bürgerlichen Gruppen sehr deutlich, das im Zeichen der in der Bürgertumsforschung vielfach immer noch vorherrschenden Konzentration auf einzelne „Professionen" oft eher zurücktritt.

Insgesamt kann man sagen, daß die sozialgeschichtliche Analyse des Prozesses „der Vergesellschaftung von unterschiedlich beruflich strukturierten Statusgruppen in eine bürgerliche Formation" [283: LEPSIUS, Bürgertum, 75] immer noch mehr auf der theoretischen Ebene, unter Voranstellung mentalitätsgeschichtlicher Fragestellungen, als auf derjenigen praktisch-empirischer Untersuchungen unter Einbeziehung des entsprechenden prosopographischen und sozialstatistischen Materials betrieben wird.

c. Die bäuerliche Bevölkerung

Ihren Ausgang nahm die Forschung hier beim Wandel der Agrarverfassung in den einzelnen deutschen Territorien, den dahinter stehenden Kräften und Tendenzen und den realen Ergebnissen. Vor allem GEORG FRIEDRICH KNAPPs Werk von 1887 über „Die Bauernbefreiung und der Ursprung der Landarbeiter in den älteren Theilen Preußens" hat hier bahnbrechend und schulebildend gewirkt. Dabei rückte vielfach, etwa in den Arbeiten F. LÜTGES, die Frage der Entwicklung der Agrarverfassung als solcher auf Kosten derjenigen der Verfassungswirklichkeit ganz in den Vordergrund [v. a. 34: Geschichte der deutschen Agrarverfassung; ähnlich 263: GROSS, Bürgerliche Agrarreform (zu Sachsen), und 292: PRANGE, Anfänge (zu Schleswig-Holstein); zur Kritik: 191: DIPPER, Bauernbefreiung, bes. 21]. Ein Gegengewicht dazu bildeten die Arbeiten W. ABELS und seiner Schule, die demographische, konjunktur- und preisgeschichtliche Fragen, also entscheidende Faktoren der Realität der bäuerlichen Welt, ganz ins Zentrum rückten. In ihnen blieben jedoch auf der anderen Seite die verfassungsrechtlichen Entwicklungen weitgehend ausgeklammert.

Einen neuen Ansatz hat vor einigen Jahren J. MOOSER mit seiner sozialhistorischen Analyse der ländlichen Welt unternommen [288: Ländliche Klassengesellschaft]. Der Polarisierungsprozeß der ländlichen Gesellschaft in Bauern und „ländliche Unterschicht" wird von Mooser nicht als ein Ergebnis der Reformära gesehen, sondern aus einem langen ökonomischen Entwicklungsprozeß hergeleitet. Die wegen einer Reihe übergreifender Verhaltensmerkmale nicht ohne weiteres erkennbare Klassenlinie innerhalb der ländlichen Gesellschaft zeigte sich besonders am „quasifeudalen Ausbeutungsverhältnis", dem die Heuerlinge im Verhältnis zu den Bauern unterlagen. Eine solche Klassenlinie ist selbstverständlich das Resultat einer langen Entwicklung. Mooser hat sie speziell für Westfalen nachgezeichnet. Forschungen über andere Territorien haben jedoch inzwischen viele seiner Ergebnisse bestätigt [264: HAGENAH (für Hannover); 217: SCHNEIDER, Agrarreformen (für Schaumburg-Lippe); im einzelnen recht ertragreich – wenn man sie gegen den Strich eines (oft mehr verbal als substantiell angewandten) marxistischen Klassenkampfschemas liest – auch die einschlägigen Untersuchungen der Geschichtswissenschaft der DDR, s. v. a. 200: HARNISCH, Kapitalistische Agrarreform, u. zuletzt 205: MOLL, „Preußischer Weg" und bürgerliche Umwälzung].

Marginal notes:

Der Wandel der Agrarverfassung: die Tradition KNAPPS

Die Realität der bäuerlichen Welt: WILHELM ABEL und seine Schule

Sozialhistorische Analyse der ländlichen Welt: J. MOOSER

Relativierung der
Zäsur von 1789

Durch diese Untersuchungen ist zugleich immer deutlicher geworden, daß die lange Zeit vorherrschende Vorstellung, das Jahr 1789 markiere auch in der ländlich-agrarischen Welt Mitteleuropas eine tiefe Zäsur, jedenfalls relativiert werden muß. Das hat auch

Bedeutung der sogenannten Bauernbefreiung

Folgen für die Einschätzung der sogenannten Bauernbefreiung. In sozialgeschichtlicher Hinsicht ist ihre Bedeutung wohl sehr viel geringer gewesen, als man lange Zeit hindurch angenommen hat. Gegen die These der älteren Forschung, u. a. von Knapp, die Reformen hätten das selbständige Bauerntum zerstört, wies G. Ipsen bereits Mitte der fünfziger Jahre darauf hin, daß trotz großer Belastungen – vor allem durch den sogenannten Landesausbau – die bäuerlichen Schichten weitgehend erhalten blieben [271: IPSEN, Preußische Bauernbefreiung, 29–53; weiterhin 211: SAALFELD, Frage des bäuerlichen Landsverlustes, 163–171; zusammenfassend G. FRANZ, Landwirtschaft 1800-1850, in: 16: AUBIN/ZORN (Hrsg.), Handbuch, 297]. Eine „Proletarisierung" der Bauern im Zuge der Agrarreformen, von der vor allem die marxistische Seite sprach, ist empirisch kaum nachweisbar, „eher eine Verjunkerung" [288: MOOSER, Ländliche Klassengesellschaft, 226].

Politische Einstellung der bäuerlichen Bevölkerung

Was die politische Grundhaltung der Landbevölkerung angeht, so hat hier das Konzept einer „Bauerngesellschaft" – nach TH. SHANINS sozialanthropologischem Modell einer „peasant society" [312] –, das bei aller schichtungstheoretischen Unzulänglichkeit den Vorzug hat, die relative Eigenständigkeit der ländlichen Welt im Hinblick auf ihr Verhältnis zu Grundherr, Stadt und Staat hervortreten zu lassen, vor allem auf dem Gebiet der Frühneuzeitforschung manche Wortführer gefunden. Moosers Vergleich zweier stark unterschiedlicher Gebiete erhellt hinsichtlich der ländlichen „Mentalität" ein Bewußtsein, das noch ganz von dem Horizont eines spezifisch bäuerlichen Weltbildes geprägt war, in dem der ferne König seit Jahrhunderten die Rolle des Hoffnungsträgers eingenommen hatte. Hier zeigt sich ein „moderner" (MOOSER) Konservatismus der bäuerlich geprägten ländlichen Unterschichten ebenso wie der grundbesitzenden Bauern: Er sah in der heraufziehenden bürgerlichen Gesellschaft den gemeinsamen Gegner.

Stand und Klasse
im ländlichen
Raum

Die Kategorie der „Kleinbauern" verweist zugleich auf das allgemeine Problem der zureichenden Beschreibung der ländlichen Gesellschaft im fraglichen Zeitraum. Denn nahezu alle ländlichen Gruppen tragen in dieser Zeit Merkmale der Besitz- wie auch der Erwerbsklasse (im Sinne M. Webers) und stellen darüber hinaus auf die eine oder andere Weise noch immer einen „Stand" dar. Dabei ist ein Positionswandel der Vollbauern zur „Quasifeudalität" zu beobachten [288: Mooser, Ländliche Klassengesellschaft, 247]. Diese war nicht rechtlich-ständisch entstanden und von hier aus abgesichert, sondern beruhte auf ungleichen Marktchancen. Schon im 18. Jahrhundert hat sich auf dem Lande sozusagen vor die ständische Struktur die Struktur einer sich wesentlich auf Marktlagen gründenden Klassengesellschaft geschoben. Zimmermann [324: Reformen, 14] meint sogar, in Baden sei das eigentliche Reformziel auf dieser Ebene eine sich „selbstregulierende Marktwirtschaft" gewesen. Jene sich auf Marktlagen stützende Klassengesellschaft erlangte seit der Mitte des 19. Jahrhunderts das Übergewicht, wobei dem Grundbesitz, mochte er auch noch so klein sein, für den gesellschaftlichen Status eine entscheidende Bedeutung zukam [264: U. Hagenah, Ländliche Gesellschaft, und summarisch für die frühe Phase: 302: Saalfeld, Ländliche Bevölkerung].

Sehr schwer tut sich die Agrarhistorie immer noch mit der Beantwortung der Frage: „Was aber wollten die Bauern selbst?" [191: Dipper, Bauernbefreiung, 143]. Erste Vorstöße in diese Richtung heben vor allem die sich wandelnden Formen bäuerlicher Artikulation und die Wandlungen des bäuerlichen Selbstverständnisses hervor. In einer Pilotstudie betont Gagliardo [259: From Pariah to Patriot] besonders das Mißtrauen der Bauern gegenüber „bürgerlichen" Anwälten; Schneider [218: Bäuerliche Aktivitäten] rekurriert auf die neuen Formen der „Arbeitsteilung" mit bürgerlichen Anwälten, die gerade die Anpassungsfähigkeit der Bauern zeige. Allerdings werden jeweils auch die Grenzen des Verfahrens sehr deutlich, über die Prozeßakten bäuerliche Sprach- und Denkweisen zu erfassen.

„Was wollten die Bauern selbst?"

8. Soziale Frage und sozialer Protest: Die Unterschichten

Seit dem Ende des 18. Jahrhunderts bildete sich in Deutschland jener Zustand dauerhafter Armut der Unterschichten aus, der im Vormärz den Namen „Pauperismus" bekommen sollte. Dieses historisch neuartige Phänomen einer verbreiteten Armut arbeitender Bevölkerungsteile wurde schon von den Zeitgenossen unterschiedlich bewertet. Sowohl von konservativer Seite als auch von seiten der neuen, sozialistischen Linken wurde der Pauperismus mit der Entstehung der bürgerlichen Gesellschaft und der kapitalistischen Marktökonomie in Verbindung gebracht: Mit dem Pauperismus

Der Pauperismus

„öffnet sich die blutende Wunde der Gegenwart", bemerkte der Konservative v. Radowitz, und die detaillierteste Beschreibung des neuen pauperisierten Industrieproletariats lieferte Friedrich Engels mit seinem Buch „Die Lage der arbeitenden Klassen in England" (1846). Gegen diese kapitalismuskritischen Analysen stellte Friedrich List schon früh die Auffassung, daß die Massenarmut nur mit der Entfaltung der „Nationalmanufakturkraft" gebannt werden könne. In mancher Hinsicht umschreibt die damalige Spannung zwischen Fortschrittsoptimismus und Systemkritik noch immer den Ausgangspunkt der Forschung über die soziale Frage im Übergang von der ständischen zur bürgerlichen Gesellschaft.

Zusammensetzung und Lage der Unterschichten   Mindestens die Hälfte der deutschen Bevölkerung um 1800 kann zu den Unterschichten gerechnet werden. Doch wer waren diese Unterschichten, und wie war ihre Lebenslage? Besonders betont wird heute die völlige Heterogenität der Unterschichten. Sie waren – wie J. KOCKA in einer neuen Gesamtdarstellung hervorgehoben hat – „weder Stand noch Klasse" [349: Weder Stand noch Klasse, 161 f.]. Denn einerseits fielen die Unterschichten von ihrer rechtlichen Stellung her, bis auf die Ausnahme verarmter oder abhängiger kleiner Handwerksmeister, als nicht- bzw. unter-ständisch aus der ständischen Gesellschaft heraus. Andererseits konnte von ihnen bis zur Mitte des 19. Jahrhunderts aufgrund von rechtlichen, regionalen, kulturellen und marktbedingten Differenzen noch kein Bewußtsein einer gemeinsamen Klassenlage ausgebildet werden. Die soziale Lage vieler unterbürgerlicher oder unterbäuerlicher Teilgruppen zwischen 1750 und 1850 ist in einzelnen Untersuchungen beleuchtet worden, so die der unterbäuerlichen Schichten und der ländlichen Heimarbeiter [am Beispiel Ostwestfalens: 288: MOOSER, Ländliche Klassengesellschaft; 350: KOCKA, Arbeitsverhältnisse und Arbeiterexistenzen, 147 ff., 221 ff.], der Bettler und Vaganten [am Beispiel Süddeutschlands 352: KÜTHER, Menschen auf der Straße], des häuslichen Gesindes [350: KOCKA, Arbeitsverhältnisse und Arbeiterexistenzen, 109], der Gesellen und der verarmten Handwerksmeister [s. u.], der frühen Manufaktur- und Fabrikarbeiter.

Ähnlichkeit der Lebenssituation   Doch sollte man – auch unter Berücksichtigung späterer Differenzierungen innerhalb der Arbeiterklasse – die Heterogenität der Unterschichten nicht überschätzen: Ihre soziale Lage am Ende der gesellschaftlichen Hierarchie von Reichtum, Ansehen und Macht [349: KOCKA, Weder Stand noch Klasse, 111–157] schuf für sie eine durchaus ähnliche Lebenssituation. Diese ist vor allem durch die

Ausweitung der Forschung auf den Mentalitäts- und subjektiven Erfahrungshintergrund der Unterschichten, auf die sogenannte Alltagsgeschichte, in vielen Facetten untersucht worden [Überblick in 272: KASCHUBA, Lebenswelt], etwa im Hinblick auf die spezifische Festkultur dieser Schichten [330: BLESSING, Fest und Vergnügen] oder auch auf die Auswirkungen der Kinderarbeit in den Fabriken [341: HERZIG, Kinderarbeit]. Die Möglichkeit einer „selbständigen mittelständischen Familienexistenz" – die sowohl für die altständische als auch die neue bürgerliche Gesellschaft entscheidende Stellung des „Hausvaters" – blieb ihnen zumeist auf Dauer versperrt [357: MOOSER, Unterschichten in Deutschland, 318]. Wie weit Lebenswelt und Kultur nicht doch – zumindest ansatzweise – eine Einheit der Unterschichten schufen, ist dabei nach wie vor offen.

Was war die Ursache der sich ausbreitenden Massenarmut, die Ursachen der
Massenarmut in den Teuerungs- und Hungerjahren 1771/72, 1795, 1800, 1805, 1812, 1816/17, 1846/47 kulminierte? Die Erklärungen dieses Phänomens sind bis heute vor allem den Untersuchungen von W. ABEL [327: Massenarmut; 15: DERS., Agrarkrisen; daran anknüpfend 6: FISCHER, Arbeitsbuch] verpflichtet. Mit der Analyse gesamteuropäischer Lohn- und Preisreihen verortete er den Pauperismus innerhalb der Transformationsphase von der vorindustriellen Welt zur „Moderne" als Schlußpunkt eines sich seit dem Spätmittelalter verstärkenden Verarmungsprozesses, in dem sich die „Spannung zwischen Bevölkerung und Nahrungsmittelspielraum" [327: Massenarmut, 302] verschärfte. Gegen die Interpretation des Pauperismus als Folge der Industrialisierung bewertete er die großen Hungerkrisen in der ersten Hälfte des 19. Jahrhunderts als die letzten Krisen „alten Typs"; seit Beginn der Industrialisierung habe die Abhängigkeit des Menschen von der jeweiligen Agrarkonjunktur aufgrund der wachsenden Produktivität der gewerblichen Arbeit schrittweise ein Ende gefunden.

Auch unter Anerkennung der Interpretation Abels konnte freilich die sich ausbreitende Massenarmut seit Ende des 18. Jahrhunderts – wie es auch die Zeitgenossen taten – als historisch neuartiges Phänomen betrachtet werden. So hat zuerst W. CONZE die verän- Veränderte Menta-
lität der Unter-
schichten derte Mentalität der Unterschichten betont: „Da die ständische Ordnung wankte, wurde auch die Stabilität eines Armenschicksals in dieser sich wandelnden Gesellschaft nicht mehr eingesehen oder einfach hingenommen" [333: Vom „Pöbel" zum „Proletariat", 125]. Und V. HUNECKE verwies auf den immer deutlicher hervortretenden Wandel der Grundeinstellung zur Armut im Vergleich zu Mittelalter und Früher Neuzeit, wo diese „in erster Linie als eine Folge ‚physischer, geistiger oder sittlicher Gebrechen' gesehen [wurde] und gerade nicht als eine Situation, in der sich eine zahlreiche Volksklasse selbst bei angestrengtester Arbeit kaum oder gar nicht das notdürftigste Auskommen verdienen kann" [344: Überlegungen, 483].

Die Debatte um die Protoindustrialisierung

Eine gewisse Modifikation erfuhr die industrialisierungsfreundliche Erklärung des Pauperismus durch Abel vor allem in Folge der Debatte um die „Proto-Industrialisierung". Innerhalb eines Modells der ländlichen Hausindustrie in der Vorphase der Industrialisierung bot H. MEDICK [Bevölkerungsentwicklung im protoindustriellen System, in: 351: KRIEDTE/MEDICK/SCHLUMBOHM, Industrialisierung, 155 ff.] auch eine Erklärung zweier für den Pauperismus wesentlicher Faktoren an. So begründete er das hohe Bevölkerungswachstum der Heimgewerberegionen aus der Logik der traditionalen Familienwirtschaft. Die Subsistenzsicherung der meist am Rande des Existenzminimums lebenden Familien erforderte eine andauernde Produktionssteigerung, die am sichersten über eine hohe Kinderzahl erreichbar schien. Andererseits ermöglichte es diese besondere Selbstausbeutungsform der gewerblich produzierenden Familie, den Schritt zur mechanischen Fabrik aufzuschieben, da die Konkurrenz der englischen Fabriken „unterhungert" werden konnte. Die Massenarmut der textilindustriellen ländlichen Gewerberegionen kann damit aus der Krise der Proto-Industrie angesichts einer nicht weiter zu steigernden Selbstausbeutung erklärt werden. Dieses Erklärungsmodell wurde am Beispiel Ostwestfalens vor allem von J. MOOSER bestätigt: „Seine historisch konkrete Gestalt gewann er [der Pauperismus] in der Systemkonkurrenz und Systemkrise der Proto-Industrie infolge der zunehmenden internationalen Konkurrenz mit der frühen fabrikindustriellen Produktion und den Wirkungen der Agrarstrukturreformen, deren sozialökonomisches Substrat das gleiche wie das der Fabrikindustrialisierung war: die wirtschaftsliberale bzw. kapitalistische Entwicklung" [288: Ländliche Klassengesellschaft, 325]. Für die Zukunft erscheint „die Entwicklung eines gegenstandsnahen Regionenmodells, das sich an den Problemen einer Sozialgeschichte der Nahrungsproduktion, der Vermarktungspraktiken und der Versorgungsansprüche nicht agrarischer Bevölkerungsteile ausrichtet", ein dringendes Desiderat, um die Bedeutung der regionalen Kaufkraft und Markteinbindung auf die Entstehung von Pauperismus oder gar Hungerkrisen festzustellen [334: GAILUS, Straße und Brot, 230].

In der bürgerlichen Öffentlichkeit des Vormärz wurde das Pro-

blem des Pauperismus eingehend diskutiert [vgl. die Quellensamm-
lung von JANTKE/HILGER, 10: Die Eigentumslosen; ferner 355:
MATZ, Pauperismus, 51 ff.]. Dabei war man sich vor dem Hintergrund der Thesen von Malthus [355: MATZ, Pauperismus, 95 ff.;
363: SIEFERLE , Bevölkerungswachstum] durchaus der Kluft zwischen wachsender Bevölkerung und begrenztem Nahrungsspielraum bewußt. Lösungsversuche, wie die Ehebeschränkungen der
süddeutschen Staaten mit dem Ziel, das Bevölkerungswachstum zu
begrenzen, die Förderung der Auswanderung nach Amerika oder
die Hebung der Bildung durch technische Schulen, zeigten nur begrenzte Wirkungen.

Diskussion des
Pauperismus in der
bürgerlichen
Öffentlichkeit

Wie weit innerhalb des deutschen Bürgertums überhaupt ad-
äquate Lösungsansätze für die soziale Frage vorhanden waren, ist in
der Forschung nach wie vor umstritten. Herrschte – wie J. MOOSER
betont – nach der Erfahrung der Französischen Revolution im deutschen Bürgertum eher Ratlosigkeit darüber, „wie die Unterschichten in die entstehende bürgerliche Gesellschaft zu integrieren seien"
[356: Gewalt und Verführung, 236; vgl. auch 339: HANNIG, Eigen-
sinn] und wuchs außerdem im Vormärz angesichts des Massen-
elends bei weiten Teilen des Bürgertums die Revolutionsangst, so
blieb bei aller Ratlosigkeit im Detail auf dem linken Flügel der bürgerlichen Bewegung doch die Überzeugung erhalten, mit der politischen Liberalisierung und Demokratisierung auch die soziale Frage
lösen zu können [353: LANGEWIESCHE, Republik].

Lösungsansätze?

Über die Behandlung des Armenproblems in den Städten, die
ja am stärksten davon betroffen waren, gibt es – sieht man von älteren Arbeiten ab, für die mehr die Geschichte der städtischen Ar-
menverwaltung im Vordergrund steht – kaum neuere Untersuchungen. Es dominiert eine von der Perspektive des Wohlfahrtsstaates
bestimmte Sichtweise, die der städtischen Armenfürsorge nur eine
Vorläuferfunktion bei der Entwicklung staatlicher Fürsorgesysteme
zuweist [361: SACHSSE/TENNSTEDT, Geschichte der Armenfürsorge].
Eine neuere Studie von M. LINDEMANN [354: Patriots] zeigt dagegen
am Beispiel Hamburgs, wie sich die bürgerliche Elite der Stadt
lange Zeit im Sinne eines bürgerlich-paternalistischen Selbstverständnisses selbst um die Reintegration ihrer verarmten Unterschichten bemühte, bis sie angesichts der zunehmenden Massenarmut vor den finanziellen Lasten städtischer Armenpflege kapitu-
lierte.

Behandlung des
Armenproblems in
den Städten

Wie die Unterschichten selbst auf Elend und Verarmung rea-
gierten, ist seit Ende der 70er Jahre ausführlich in dem neuen sozial-

Reaktion der
Unterschichten

geschichtlichen Zweig der Protest- und Konfliktforschung untersucht worden [Sammelbände: 358: REINALTER (Hrsg.), Protestbewegungen; 328: BERDING (Hrsg.), Soziale Unruhen; zusammenfassende Gesamtdarstellung 342: HERZIG, Unterschichtenprotest]. „Die Protestforschung", so W. GIESSELMANN in einem zusammenfassenden Aufsatz [336: Protest, 75], „möchte über die Dekodierung der ‚Sprache der Stummen' den verborgenen Alltag der Unterschichten aufschlüsseln und schildern, mit welchen Strategien sie versucht haben, sich gegenüber den erdrückenden Lasten dieses Alltags zu behaupten und ihn aufrechten Gangs zu durchqueren".

Die detaillierte Einzelfallanalyse

Dominierte in der älteren Protestforschung in Anlehnung an R. Tilly meist der quantifizierende Zugriff, in welchem die sozialen, die „plebejischen" Proteste nach Typen, Regionen und zeitlicher Verteilung – oft in Abhängigkeit von Konjunkturdaten – analysiert wurden, so wird diese Methode heute nur noch als statistische Grundlage einer detaillierten Einzelfallanalyse im Sinne der „dichten Beschreibung" (C. GEERTZ) verwendet. Mit der strukturierten, analytischen Erzählung einzelner Protestergebnisse wird versucht, kollektive Handlungen und Verhaltensweisen in ihrer Logik und Sinnhaftigkeit deutlich zu machen, um die Wertvorstellungen und Gesellschaftsbilder der literarisch stummen Unterschichten zu entschlüsseln. Die stärksten Impulse zur Anwendung dieser der Sozialanthropologie entlehnten Methode verdankt die deutsche Forschung der Rezeption der Thesen E. P. THOMPSONS [365: Die „moralische Ökonomie"].

Das Konzept der „moral economy"

Das Verhalten der englischen Unterschichten erklärte Thompson mit dem Begriff der „moral economy". Dieser beschreibt die vorkapitalistische Wertvorstellung, daß Besitz und Herrschaft bestimmten paternalistischen Bindungen unterworfen gewesen seien. Protest gegen überhöhte Lebensmittelpreise oder unterlassenem herrschaftlichen Schutz in Krisenzeiten gewann durch diese Einstellung seine Legitimität.

Dieser Erklärungsansatz wurde auch in der deutschen Forschung erfolgreich eingesetzt [368: WIRTZ, „Widersetzlichkeiten"; 345: HUSUNG, Protest; 342: HERZIG, Unterschichtenprotest]. Hatten sich die Unruhen in der frühneuzeitlichen, ständischen Gesellschaft [zusammenfassender Überblick 331: BLICKLE, Unruhen] hauptsächlich gegen Fremdbestimmung und wirtschaftliche Ausbeutung innerhalb der feudal-ständischen Herrschaft gerichtet, ohne diese selbst in Frage zu stellen, so zeigen diese Untersuchungen, daß sich der soziale Protest seit Mitte des 18. Jahrhunderts zunehmend gegen als negativ empfundene Veränderungen im Rahmen der entstehenden bürgerlichen Gesellschaft wandte. In den nach Zahl und Intensität zunehmenden Konflikten spiegelt sich der Widerspruch zwischen den Prinzipien der „*moral economy*" und den neuen Markt- und Wirtschaftsbeziehungen. Der Unterschichtenprotest im Übergang von der ständischen zur bürgerlichen Gesellschaft kann damit als Phänomen sui generis gelten. Abgelehnt wird dabei allerdings von seiten der Protestforschung die Einstufung des traditional legitimierten Protestes als „konservativ". „Der Konflikt geht längst nicht immer um Altes gegen Neues; Protest bedeutet nicht einfach Abwehr von Veränderungen, sondern richtet sich sozial wie politisch gegen bestimmte Veränderungen ‚von außen' und ‚von oben', gegen bürgerliche Bevormundungen wie gegen obrigkeitliche Gebote als hegemoniale Akte" [272: KASCHUBA, Lebenswelt, 122].

Neuer Typus des Unterschichtenprotestes

Besonders umfangreich ist bisher die Protestforschung zu den Unruhen in Deutschland in der Zeit der Französischen Revolution sowie während der Revolution von 1848/49. Warum sprang der Funken der Französischen Revolution trotz zahlreicher Unruhen nicht auf Deutschland über? Die Forschung [328: BERDING (Hrsg.), Soziale Unruhen] hat vor allem die große Uneinheitlichkeit der Proteste gezeigt. Trotz Übernahme revolutionärer Symbolik waren die meisten städtischen Aufstände und ländlichen Unruhen der Revolutionszeit „die Fortsetzung schwelender alter Konflikte" [R. REICHARDT, in: 328: BERDING (Hrsg.), Soziale Unruhen, 26]: „Die Ereignisse in Frankreich zur Zeit der Französischen Revolution verstärkten den Aktionswillen und die Protestbereitschaft der Unterschichten in Deutschland zur Verteidigung überkommener politischer und sozialer Normen, führten aber nicht zur Rezeption einer politischen Programmatik" [342: HERZIG, Unterschichtenprotest, 217]. Andererseits lähmte das machtpolitische Auftreten Frankreichs als Eroberer und Unterdrücker auch die Weiterentwicklung des sozialen Protests in Deutschland zu politisch-partizipatorischen Forderungen. „Der soziale Protest, den das napoleonische Regime hervorrief, enthielt eine nationale und eine gegenrevolutionäre Komponente" [154: BERDING, Französische Revolution und sozialer Protest, 426].

Unruhen in der Zeit der Französischen Revolution

Auch das Protestverhalten in der Revolution von 1848/49 ist inzwischen auf breitester Quellengrundlage, allerdings mit Schwerpunkt auf dem ostelbischen Preußen, von M. GAILUS untersucht worden [334: Straße und Brot]. Wie andere Untersuchungen betont er die Erfahrungen und Unruhen der Hungerkrise 1847 [345: HUSUNG, Protest, 171 ff.; 368: WIRTZ, „Widersetzlichkeiten", 163 ff.], ja

Unruhen in der Revolution von 1848/49

sieht sie als integralen Bestandteil der Revolution. Gailus betont die Unmöglichkeit eines bürgerlich-plebejischen Bündnisses, da „die Formen und Zielsetzungen von Straßenpolitik mit dem Modus bürgerlicher Revolutionsbeteiligung nicht kompatibel waren" [334: GAILUS, Staße und Brot, 58]. Zwar seien die Unterschichten während der Revolution durch bürgerliche Kräfte, vor allem von den Demokraten, für revolutionäre Ziele instrumentalisiert worden – wie sie teilweise auch von der alten adlig-bürokratischen Elite für gegenrevolutionäre „Thron und Altar"-Unruhen eingesetzt worden seien. Doch ihre eigenen Forderungen nach „Straße und Brot", d. h. nach der überlieferten autonomen Benutzung der öffentlichen Räume und nach der Sicherung des Nahrungsstandards, sowie ihr Kampfmittel des physischen oder zumindest symbolischen Protests liefen zentralen Wertvorstellungen der modernen bürgerlichen Welt entgegen und trafen deshalb auf den gemeinsamen Widerstand von bürgerlichen Führungsschichten und alter Elite. Das Konfliktgeschehen von 1847–49 charakterisiert GAILUS zusammenfassend „als eine letzte Rebellion breiter Volksschichten auf der Grundlage vorindustrieller Zielvorstellungen und antikapitalistischer Normen und Wertsetzungen an der historischen Schwelle zur vollständigen Durchsetzung einer bürgerlichen, industriell-kapitalistischen Gesellschaft" [ebd. 516]. Ähnlich urteilt W. SIEMANN [364: Soziale Protestbewegungen, 326], daß die „sozialen Protestbewegungen von 1848/49 in hohem Grade als letzter verzweifelt-vergeblicher Versuch [erscheinen], aus einer vorindustriellen, agrarisch und kleingewerblich-handwerklich geprägten Lebenswelt heraus den Zwängen der ‚modernen‘, in antagonistische Interessengruppen aufgespaltenen und vom Industriesystem beherrschten Gesellschaft zu entgehen".

Charakter der Proteste

Eine besondere Bedeutung kommt dem Protest der Handwerksgesellen und der in der „Krise des Alten Handwerks" von Pauperisierung bedrohten Handwerker zu, da ihre Organisationsformen, also Zünfte und Gesellenladen, bereits in der Frühen Neuzeit wirkungsvolle Instrumente zur Durchsetzung ihrer Interessen darstellten. Seit der Mitte des 18. Jahrhunderts verloren die Handwerker aber zunehmend wesentliche Autonomierechte; Gesellenstreiks [dazu 338: GRIESSINGER, Handwerkerstreiks] wurden durch kaiserlichen Erlaß verboten. Während A. GRIESSINGER [337: Das symbolische Kapital] in den erst um 1800 durch obrigkeitlichen Zugriff endenden Gesellenstreiks die Übersteigerung eines spezifischen Ehrbegriffes bis zum Realitätsverlust sah, betonen neuere Un-

Proteste der Handwerker und Handwerksgesellen

tersuchungen eher den rationalen Charakter der handwerklichen Kampfformen und Forderungen, die sowohl an der Abwehr direkter Ausbeutung [mit scharfer Polemik gegen Grießinger 340: HENKEL, Zunftmißbräuche] als auch an dem Erhalt der autonomen Gestaltung der „Arbeit als Lebenstätigkeit" orientiert gewesen seien [369: ZERWAS, Arbeit als Besitz, 228].

Wenn Proteste und Streiks abhängiger Schichten in der Phase der Vor- und Frühindustrialisierung der rationalen Interessendurchsetzung der beteiligten Personen dienten, wie es in den meisten Untersuchungen der Protestforschung gezeigt wurde, dann liegt es nahe, nach ihrer Bedeutung für die frühe Arbeiterbewegung zu fragen [346: KASCHUBA, Gesellenkampf]. Eine hohe Kontinuität bestand wohl vor allem in den exportorientierten Gewerberegionen, in denen, bei tendenzieller Nivellierung des Gegensatzes von Meistern und Gesellen, die Zünfte wichtige Funktionen in der Beziehung zu den Verlegerkaufleuten hatten [332: BOCH, Zunfttradition]. Den entscheidenden Bruch mit älteren Traditionen sehen allerdings die Vertreter der Arbeitergeschichtsschreibung im Bereich der Programme und Ideen: Die junge Arbeiterbewegung war „keine defensive Protestbewegung, sondern eine offensive Emanzipationsbewegung, die den Fortschritt nicht bekämpfte, sondern ihren Teil daran einforderte und damit zu ihm beitrug" [348: KOCKA, Traditionsbindung, 372]. Auch wenn man diese fortschrittsoptimistische Bewertung nicht teilt, ist deutlich, wie sehr die Arbeiterbewegung am Ende des Übergangs von der ständischen zur bürgerlichen Gesellschaft bei aller antikapitalistischen Stoßrichtung den bürgerlichen Fortschrittsglauben übernommen hatte. „Die Rezeption des Marxismus in der Arbeiterbewegung war gleichbedeutend damit, daß sich die populäre Protestbewegung in ihrem Kern dem Fortschrittslager anschloß" [R. P. SIEFERLE, Fortschrittsfeinde? Opposition gegen Technik und Industrie von der Romantik bis zur Gegenwart. 1984, 139]. Schließlich hatten sich auch die Unterschichten in einem schrittweisen Lernprozeß wesentlichen Normen, Organisationsformen und kulturellen Regeln der bürgerlichen Gesellschaft angepaßt.

Bedeutung der Protesttradition für die frühe Arbeiterbewegung

Unterschiede zur Arbeiterbewegung

9. Die Rolle der Bildungsrevolution im gesellschaftlichen Wandel

Der sogenannten Bildungsrevolution kommt zweifellos eine Schlüsselrolle im Übergang von der ständischen zur bürgerlichen Gesellschaft zu. Das neue bürgerliche Ideal des freien, mündigen und selbstverantwortlichen Individuums setzte ein hohes Maß an Bildung geradezu voraus; der neue Staat und die neue Gesellschaft waren für die Fichte, Schleiermacher und Humboldt nur als Gemeinschaft gebildeter Individuen vorstellbar. Erziehung und Bildung stellen also die zentralen Elemente und Instrumente auf dem Weg in die bürgerliche Gesellschaft dar. Doch während im 18. Jahrhundert, in der Epoche der Aufklärung oder – wie man auch gesagt hat – im „pädagogischen Zeitalter" stärker das Modell der Erziehung, der Vermittlung von Wissen und Fähigkeiten dominiert, setzt sich um die Wende zum 19. Jahrhundert mehr und mehr der Bildungsgedanke durch, die Vorstellung, daß der „Mensch ... sein eigentliches Wesen" gewinnt, „indem er sich ‚bildet', seine individuelle Persönlichkeit entfaltet" [39: NIPPERDEY, Deutsche Geschichte 1800–1866, 441].

Zentrale Rolle der Bildung in der bürgerlichen Gesellschaft

Dieser Wandel zeigt sich besonders deutlich in der Begriffsgeschichte, die zusammenfassend von R. VIERHAUS [422: Bildung, vgl. jetzt auch die instruktiven Überlegungen von R. KOSELLECK, Einleitung – Zur anthropologischen und semantischen Struktur von Bildung, in: 278: DERS. (Hrsg.), Bildungsbürgertum, T. 2, 11 ff.] untersucht worden ist: Gegenüber dem älteren Begriff „Erziehung" setzt sich nämlich gegen Ende des 18. Jahrhunderts zunehmend der – als Wort keineswegs neue – Begriff der Bildung durch. Er erfährt zugleich um 1800 „eine einzigartige philosophisch-ästhetische und pädagogische Überhöhung und ideologische Aufladung" [422: VIERHAUS, Bildung, 508]. Nipperdey hat in diesem Zusammenhang von einer „Bildungsreligion" gesprochen, die für das aufstrebende Bürgertum und seine Vertreter charakteristisch gewesen sei.

Entwicklung des Begriffs

Die bildungshistorische Forschung hat sich – dies entsprach auch ganz der allgemeinen Dominanz geistes- und politikgeschichtlicher Themen – lange Zeit vor allem der Untersuchung dieser Bildungskonzeption gewidmet. Danach standen sich im wesentlichen zwei aus der Aufklärung stammende und doch zugleich sich von ihr absetzende Richtungen gegenüber: zum einen die Philanthropen, die ein an Rousseau orientiertes Ideal allgemeiner Menschenbil-

Zwei Richtungen: Philanthropen

dung mit Forderungen nach einer umfassenden modernen und gerade auch praktisch nützlichen Bildung verbanden, und zum anderen jene, für die der Bildungshistoriker FRIEDRICH PAULSEN den Begriff „Neuhumanismus" geprägt hat; danach deren Vorstellungen sollte der Mensch über das Medium des Griechentums und der klassischen Bildungsinhalte zur Humanität, zum wahren Menschentum außerhalb der Enge kirchlicher und ständischer Bindungen geführt werden – vgl. v. a. die älteren Arbeiten von E. SPRANGER [419: Humboldt] und H. WEIL [424: Bildungsprinzip]; den im Hinblick auf die moderne bürgerliche Gesellschaft höchst ambivalenten Charakter der neuhumanistischen Bildungskonzeption hat besonders L. O'BOYLE [410: Klassische Bildung] betont.

Neuhumanisten

Vor allem in Preußen wurde die Entwicklung zunächst, besonders in der Reformzeit, durch die zweite Richtung bestimmt; ihr Erziehungsprogramm deckte sich ganz mit der Zielsetzung der politischen Reformen: „Ein auf Teilnahme seiner Bürger gegründeter Staat mit reorganisierter Verwaltung und freigesetzter persönlicher und wirtschaftlicher Mobilität verlangte eine Erziehung zu Bürgern, die dazu gebildet waren, alle ihre Kräfte zu gebrauchen" [K.-E. JEISMANN, in: 390: DERS./LUNDGREEN (Hrsg.), Handbuch, 107]. Gegenüber den älteren Arbeiten, die nicht zuletzt aus der Perspektive der Entstehung des nationalen Staates diese Reformen und ihre Protagonisten, vor allem Wilhelm von Humboldt, in besonderem Maße idealisierten [vgl. neben der bereits genannten Studie von Spranger zuletzt zusammenfassend 402: MENZE, Bildungsreform; speziell zur Universität 423: VOSSLER, Humboldts Idee], hat sich nur sehr allmählich ein kritischer, zugleich stärker die Wirklichkeit der Reformen einbeziehender Forschungsansatz durchgesetzt, wobei der Schwerpunkt in erster Linie auf der neuen Schulform des Gymnasiums lag [388: JEISMANN, Gymnasium; 384: HEINEMANN, Schule im Vorfeld; s. a. 403: MICHALSKY, Bildungspolitik, und, als eine der wenigen provinzbezogenen Untersuchungen zur Schulgeschichte, 373: APEL/KLÖCKER, Schulwirklichkeit in Rheinpreußen].

Preußen

Das preußische Gymnasium

Insgesamt war für die bildungshistorische Forschung lange Zeit eine ausgesprochene Preußen-Zentriertheit charakteristisch, die auch noch – als verständlicher Reflex auf den bislang erreichten Kenntnisstand und dessen Defizite – in den zusammenfassenden Darstellungen von P. LUNDGREEN [397: Sozialgeschichte der deutschen Schule] und M. KRAUL [393: Das deutsche Gymnasium] nachwirkt. Im Hinblick auf die Rheinbundstaaten wurde dagegen – und zwar selbst noch in der jüngeren Phase einer intensiveren Erfor-

Vernachlässigung der außerpreußischen Staaten in der Forschung

schung der rheinbündischen Reformen – eher die Auffassung ver-
treten, daß hier im Bereich der Bildung kaum originäre Initiativen
entwickelt worden seien – ein Bild, das erst in letzter Zeit korrigiert
worden ist [vgl. für Bayern bes. 406: MÜLLER, Akademische Ausbildung, u. zusammenfassend jüngst 418: SPEITKAMP, Staat und Bil-
dung].

Rahmenbedingun-   Die gerade auch aus der Perspektive des Übergangs von der
gen und Wirkungen ständischen zur bürgerlichen Gesellschaft interessanteste Frage,
der Schul- und   nämlich die nach den sozialen Rahmenbedingungen und Wirkun-
Bildungsreformen   gen der Schul- und Bildungsreformen, ist trotz mancher älterer Ansätze [vgl. etwa 424: WEIL, Bildungsprinzip, 1930, oder 261: GERTH,
Bürgerliche Intelligenz, 1935/1976] erst seit den 1960er Jahren im
Laufe des allgemeinen Vordringens sozialgeschichtlicher Fragestellungen in der deutschen Geschichtswissenschaft mehr und mehr
von der bildungshistorischen Forschung aufgegriffen worden [vgl.
den allgemeinen Forschungsüberblick von 396: LUNDGREEN, Historische Bildungsforschung].

Anders als die bereits erwähnten Studien über die Schul- und
Hochschulpolitik, die besonders den dominierenden Einfluß des
Staates in der Bildungsreform und – sozial gesehen – eher den elitä-
ren, abgrenzenden Charakter der neuen Bildungswege und Bil-
Soziale Zusammen- dungsabschlüsse betonen, ist vor allem in jenen neueren Arbeiten,
setzung der   die detailliert die soziale Zusammensetzung der Schülerschaft zu
Schülerschaft   analysieren versuchen, die These einer relativ weitgehenden sozialen Offenheit insbesondere auch des preußischen Gymnasiums ver-
treten worden. Als erster hat D. K. MÜLLER in einer auch zeitlich
weit ausgreifenden Studie über das Berliner Schulwesen [404: So-
Antielitärer Cha- zialstruktur und Schulsystem] diesen antielitären Charakter des
rakter des Gymna- Gymnasiums zu belegen versucht; allerdings ist vor allen Dingen
siums?   sein – von aktuellen bildungspolitischen Implikationen nicht ganz
freier – Vergleich des traditionellen Gymnasiums mit einer moder-
nen, nach Leistungen differenzierenden Gesamtschule auf heftige
Kritik gestoßen. Auf breiter quantitativer Grundlage hat dann M.
KRAUL [394: Gymnasium und Gesellschaft] nachzuweisen versucht,
daß das Gymnasium zwar nicht die neuhumanistische Forderung
nach allgemeiner und gleicher Bildung voll erfüllt habe, daß es aber
der sozialen Klientel nach keine Eliteschule, sondern eine „Stadt-
schule mit integrierendem Gesamtschulcharakter" [ebd., 151] war.
Zu ganz ähnlichen Ergebnissen ist für Baden auch die Studie von
KOPPENHÖFER [392: Bildung und Auslese] gelangt.

Dagegen ist kritisch eingewandt worden, daß dennoch nur eine kleine Minderheit der männlichen Schulpflichtigen einer Stadt das Gymnasium besucht habe und daß vor allem jeder Versuch, eine Traditionslinie vom neuhumanistischen Gymnasium zur modernen Gesamtschule zu ziehen, dessen Begriff und Realität verfehle [vgl. v. a. die Rezension der Arbeit von Kraul durch JEISMANN, in: HZ 233, 1981, 196 ff.].

Im Hinblick auf die soziale Zusammensetzung der Studenten- schaft ist die bislang einschlägige Analyse von K. H. JARAUSCH [387: Neuhumanistische Universität] zu dem eher vermittelnden Ergebnis gekommen, daß die neuhumanistische Universität als Auslesefilter des neu sich herausbildenden Sozialtypus des Akademikers primär eine elitäre Institution war, daß sie aber gleichzeitig auch eine gewisse Mobilität ermöglicht habe.

Die Studentenschaft

Im einzelnen ist diese Debatte wie auch die intensive sozialgeschichtliche Erforschung der Bildungsrevolution noch in vollem Gange [vgl. auch die neueren Veröffentlichungen der Forschungsgruppen von MÜLLER/ZYMEK: 405: Sozialgeschichte und Statistik, LUNDGREEN/KRAUL/DITT: 398: Bildungschancen, und TITZE: 421: Hochschulstudium in Preußen], doch zeichnet sich ein gewisser Konsens in der Richtung ab, daß die Bildungsreformen zu Beginn des 19. Jahrhunderts zumindest in den ersten Jahrzehnten eher sozial dynamisierend und mobilisierend gewirkt hätten, also ein zusätzliches Element der gesellschaftlichen Veränderung gewesen seien.

Der amerikanische Bildungshistoriker F. K. RINGER hat diese Ergebnisse unter vergleichender Einbeziehung von Studien über Frankreich sowie – eingeschränkt – auch Großbritannien sogar zu der allgemeinen These einer relativ weitgehenden Autonomie von Bildungssystemen in der modernen Gesellschaft zu verdichten gesucht: „But European educational systems during the early and high industrial phases in their history were rich in prestige and yet very incompletely adjusted to the existing economic system and class structure. They complicated or skewed the prevailing class structures by reinjecting incongruent elements of inherited status. This made them actively incongruent forces within their societies" [413: Education and Society, 18]. Er hat damit eine höchst interessante allgemeine Debatte angeregt [P. LUNDGREEN, Bildung und Besitz – Einheit oder Inkongruenz in der europäischen Sozialgeschichte? Kritische Auseinandersetzung mit einer These von Fritz Ringer, in: GG 7, 1981, 262–275; F. K. RINGER, Bestimmung und Messung von Segmentierung. Eine Teilantwort an Peter Lundgreen, in: GG 8, 1982, 280–285].

Autonomie von Bildungssystemen in der modernen Gesellschaft?

Bei den Untersuchungen zur sozialen Struktur der Schülerschaft an den Gymnasien zeigte sich im übrigen auch deren außer-
ordentliche Mobilität; viele Schüler blieben oft nur wenige Jahre
am Gymnasium. Die konkreten Bedürfnisse jener bürgerlichen
Schichten, die ihre Söhne auf das Gymnasium schickten, gingen
also offenkundig großenteils in eine andere Richtung, als sie das
Gymnasium repräsentierte. Diese Art Kritik von bürgerlicher Seite
am Gymnasium und die sich aus ihr entwickelnde Realschul- und
Bürgerschulbewegung sind allerdings – im Vergleich zu der ausge-
dehnten Forschung über das Gymnasium – bisher kaum untersucht
worden [vgl. bes. 391: KECK, Geschichte der Mittleren Schule, u.
382: FREYTAG, Problematik mittlerer Bildungsqualifikationen, sowie
im weiteren Sinne auch 374: BLANKERTZ, Bildung im Zeitalter der
großen Industrie.].

Gymnasium und
bürgerliche Lebens-
welt

Ebenfalls eher im Hintergrund geblieben ist bislang der Wandel des Volksschulwesens im Übergang zur bürgerlichen Gesellschaft. Entgegen allen Einschätzungen der Volksschule als eines in
besonderem Maße systemstabilisierenden Faktors hat vor allem TH.
NIPPERDEY [409: Volksschule und Revolution, 227] betont: „Der
Geist der Schule kehrte sich gegen ihren Initiator und Förderer, den
vorkonstitutionellen und teilliberalisierten Staat; der Staat hatte mit
der Schule die Gesellschaft, die zu seinem Widerpart wurde, stärken
müssen und hat so durch die Schule den Versuch der Gesellschaft,
ihn zu revolutionieren, selber mit ermöglicht." Unter mentalitätsgeschichtlicher Perspektive fragt W. K. BLESSING [376: Staat und Kir-
che], wie und in welchem Maße die Volksschule die Vorstellungswelt der kleinen Leute geprägt habe; trotz der Brüche und Schwächen in der Volksschulrealität, die auch er hervorhebt, betont er
wieder mehr die systemstabilisierende Funktion.

Die Entwicklung
des Volksschul-
wesens

Zu den sozialen Wirkungen der Bildungsrevolution gehörte
aber vor allem die Entstehung einer neuen bürgerlichen Schicht von
Gebildeten, die erstmals umfassender in einer 1935 verfaßten Dis-
sertation des aus der Schule von Karl Mannheim stammenden
H. H. GERTH [261: Bürgerliche Intelligenz] untersucht worden ist.
Doch während es Gerth im Sinne der Wissenssoziologie Mann-
heims um die soziologischen Wurzeln des liberalen Denkens ging,
ist die spätere systematische Erforschung des Bildungsbürgertums,
die seit 1980 insbesondere durch den Heidelberger Arbeitskreis für
moderne Sozialgeschichte vorangetrieben worden ist [vgl. aber auch
schon 316: TURNER, Bildungsbürgertum], weit mehr durch Max Webers Kategorien, insbesondere seinen Begriff der ständischen Verge-

Die neue bürgerli-
che Bildungsschicht

Die Forschungen
des Heidelberger
Arbeitskreises

sellschaftung, geprägt worden. Ausgangspunkt der von dem Arbeitskreis veranstalteten zwölf Tagungen zu diesem Komplex war nämlich die Hypothese, daß das sich aus ganz verschiedenen Berufen zusammensetzende und durchaus in vieler Hinsicht heterogene Bildungsbürgertum vor allem durch das Prinzip der anerkannten Bildung zusammengeschweißt worden sei.

Im einzelnen konzentrierten sich die Tagungen auf vier Haupt-aspekte der Entwicklung des Bildungsbürgertums: 1. auf das Bildungssystem und die international vergleichende Analyse der einzelnen bildungsbürgerlichen Berufsgruppen mit Hilfe des angelsächsischen Professionalisierungsansatzes [vgl. jetzt auch 313: H. SIEGRIST (Hrsg.), Bürgerliche Berufe, und eine Fülle von Monographien zu einzelnen Berufsgruppen]; 2. auf Bildungsgüter und Bildungswissen [278: KOSELLECK (Hrsg.), Bildungsbürgertum, T. 2]; 3. auf die Lebensführung und ständische Vergesellschaftung [der entsprechende Band ist noch nicht erschienen]; 4. auf den politischen Einfluß und die gesellschaftliche Formation des Bildungsbürgertums [277: KOCKA (Hrsg.), Bildungsbürgertum, T. 4].

Schwerpunkte

Trotz einer Fülle wichtiger Einzelergebnisse bleibt allerdings letztlich fraglich – wie auch J. KOCKA jüngst selbstkritisch angemerkt hat –, „ob dieses ‚Bildungsbürgertum‘ nicht doch primär ein Konstrukt, eine ‚Kopfgeburt‘ rückblickender Historiker ist" [251: „Bildungsbürgertum", 9], zumal der Begriff selbst, das hat U. ENGELHARDT in seiner einschlägigen Studie [251: „Bildungsbürgertum"] breit belegt, erst im 20. Jahrhundert entstanden ist. Kritisch anmerken kann man zudem, daß die starke Betonung formalisierter Bildung, von „Bildungspatenten", wie sie gerade für den skizzierten Forschungsansatz charakteristisch ist, im Gegensatz zum zeitgenössischen Bildungsverständnis der Übergangszeit von der ständischen zur bürgerlichen Gesellschaft steht. Denn sowohl die Bildungsidee im allgemeinen Sinne als auch deren konkrete Umsetzung im neuhumanistischen Gymnasium lassen sich nicht auf die formalen Bildungsabschlüsse verengen. Im übrigen fehlt es immer noch an Forschungen, die entweder, wie dies R. S. ELKAR in seiner Regionalstudie über Schleswig-Holstein [250: Junges Deutschland] versucht hat, das Bildungsbürgertum in seiner ganzen Breite und in seinem gesellschaftlichen Zusammenhang – und nicht nur isoliert in einzelnen Professionen – in den Blick nehmen oder die noch allgemeiner – von konkreten sozialgeschichtlichen Untersuchungen der vornehmlich städtischen Lebenswelt ausgehend – nach der sozialen Wirkung und Verankerung von Bildung im bürgerlichen Spektrum fragen.

Tragfähigkeit der Kategorie „Bildungsbürgertum"?

Bedeutung von „Bildungspatenten" in der Übergangsphase zur bürgerlichen Gesellschaft?

III. Quellen und Literatur

Die verwendeten Abkürzungen im Quellen- und Literaturteil entsprechen denen der „Historischen Zeitschrift".

A. Gedruckte Quellen

1. Z. BATSCHA/J. GARBER (Hrsg.), Von der ständischen zur bürgerlichen Gesellschaft. Politisch-soziale Theorien im Deutschland der zweiten Hälfte des 18. Jahrhunderts. Frankfurt a. M. 1981.
2. H. BRANDT (Hrsg.), Restauration und Frühliberalismus, 1814–1840. Darmstadt 1979.
3. W. CONZE (Hrsg.), Quellen zur Geschichte der deutschen Bauernbefreiung. Göttingen 1957.
4. W. CONZE (Hrsg.), Die preußische Reform unter Stein und Hardenberg, Bauernbefreiung und Städteordnung. 3. Aufl. Stuttgart 1973.
5. H. FENSKE (Hrsg.), Vormärz und Revolution, 1840–1849. Darmstadt 1976.
6. W. FISCHER/J. KRENGEL/J. WIETOG (Hrsg.), Sozialgeschichtliches Arbeitsbuch I. Materialien zur Statistik des Deutschen Bundes 1815–1870. München 1982.
7. J. GARBER (Hrsg.), Revolutionäre Vernunft. Texte zur jakobinischen und liberalen Revolutionsrezeption in Deutschland 1789–1810. Kronberg 1974.
8. G. GIESE (Hrsg.), Quellen zur deutschen Schulgeschichte seit 1800. Göttingen 1961.
9. E. R. HUBER (Hrsg.), Dokumente zur deutschen Verfassungsgeschichte. Bd. 1: Deutsche Verfassungsdokumente 1803–1850. 3. Aufl. Stuttgart/Berlin/Köln/Mainz 1978.
10. C. JANTKE/D. HILGER (Hrsg.), Die Eigentumslosen. Der deutsche Pauperismus und die Emanzipationskrise in Darstellungen und Deutungen der zeitgenössischen Literatur. Freiburg/München 1965.

11. W. KÖLLMANN, Quellen zur Bevölkerungs-, Sozial- und Wirt-
schaftsstatistik Deutschlands 1815–1875. 2 Bde. Boppard a. Rh.
1980.
12. H.-B. SPIES (Hrsg.), Die Erhebung gegen Napoleon, 1806–1814/
15. Darmstadt 1981.
13. T. STAMMEN/F. EBERLE (Hrsg.), Deutschland und die Französische Revolution, 1789–1806. Darmstadt 1988.
14. M. STÜRMER (Hrsg.), Herbst des Alten Handwerks. Quellen zur
Sozialgeschichte des 18. Jahrhunderts. 2. Aufl. München 1986.

B. Literatur

0. Allgemeine und übergreifende Darstellungen

15. W. ABEL, Agrarkrisen und Agrarkonjunktur. Eine Geschichte
der Land- und Ernährungswirtschaft Mitteleuropas seit dem hohen Mittelalter. 3. Aufl. Hamburg 1978.
16. H. AUBIN/W. ZORN (Hrsg.), Handbuch der deutschen Wirt-
schafts- und Sozialgeschichte. 2 Bde. Stuttgart 1971/1976.
17. L. BAUER/H. MATIS, Geburt der Neuzeit. Vom Feudalismus zur
Marktgesellschaft. München 1988.
18. H. BERDING/H.-P. ULLMANN (Hrsg.), Deutschland zwischen Revolution und Restauration. Düsseldorf 1981.
19. G. BIRTSCH (Hrsg.), Grund- und Freiheitsrechte von der ständischen zur spätbürgerlichen Gesellschaft. Göttingen 1987.
20. K. BORCHARDT, Die Entwicklung der industriellen Gesellschaften, in: C. Cipolla (Hrsg.), Europäische Wirtschaftsgeschichte.
Bd. 4. Stuttgart 1985, 135–202.
21. K. BOSL/E. WEIS, Die Gesellschaft in Deutschland. Bd. 1: Von
der fränkischen Zeit bis 1848. München 1976.
22. O. BRUNNER/W. CONZE/R. KOSELLECK (Hrsg.), Geschichtliche
Grundbegriffe. Historisches Lexikon zur politisch-sozialen Sprache in Deutschland. 7 Bde. Stuttgart 1978 ff.
23. C. DIPPER, Deutsche Geschichte 1648–1789. Frankfurt a. M.
1991.
24. H. DUCHHARDT, Das Zeitalter des Absolutismus. München 1989.
25. E. FEHRENBACH, Vom Ancien Régime zum Wiener Kongreß.
3. Aufl. München 1993.
26. L. GALL, Bürgertum in Deutschland. Berlin 1989.
27. F. W. HENNING, Das vorindustrielle Deutschland. 5. Aufl. Pader-
born/München/Wien/Zürich 1984.

28. F. Kopitzsch (Hrsg.), Aufklärung, Absolutismus und Bürgertum in Deutschland. München 1976.

29. R. Koselleck (Hrsg.), Studien zum Beginn der modernen Welt. Stuttgart 1977.

30. R. Koselleck, Preußen zwischen Reform und Revolution. Allgemeines Landrecht, Verwaltung und soziale Bewegung von 1791 bis 1848. 3. Aufl. Stuttgart 1981.

31. J. Kunisch, Absolutismus. Göttingen 1976.

32. D. S. Landes, Der entfesselte Prometheus. Technologischer Wandel und industrielle Entwicklung in Westeuropa von 1750 bis zur Gegenwart. Köln 1973.

33. D. Langewiesche, Europa zwischen Restauration und Revolution 1815–1849. 2. Aufl. München 1989.

34. F. Lütge, Geschichte der deutschen Agrarverfassung vom frühen Mittelalter bis zum 19. Jahrhundert. 3. Aufl. Stuttgart 1976.

35. G. Mackenroth, Bevölkerungslehre. Theorie, Soziologie und Statistik der Bevölkerung. Berlin 1953.

36. P. Marschalck, Zur Theorie des demographischen Übergangs, in: Ursachen des Geburtenrückgangs. Aussagen, Theorien und Forschungsansätze zum generativen Verhalten. Stuttgart/Berlin/Köln/Mainz 1979, 43–60.

37. P. Marschalck, Bevölkerungsgeschichte Deutschlands im 19. und 20. Jahrhundert. Frankfurt a. M. 1984.

38. H. Möller, Fürstenstaat oder Bürgernation. Deutschland 1763–1815. Berlin 1989.

39. T. Nipperdey, Deutsche Geschichte 1800–1866. Bürgerwelt und starker Staat. München 1983.

40. T. Pierenkemper (Hrsg.), Landwirtschaft und industrielle Entwicklung. Zur ökonomischen Bedeutung von Bauernbefreiung, Agrarreform und Agrarrevolution. Stuttgart/Wiesbaden 1989.

41. K. v. Raumer, Deutschland um 1800 – Krise und Neugestaltung. Wiesbaden 1980.

42. G. A. Ritter, Die Neuere Sozialgeschichte in der Bundesrepublik Deutschland, in: J. Kocka (Hrsg.), Sozialgeschichte im internationalen Überblick. Darmstadt 1989, 19–88.

43. R. Rürup, Deutschland im 19. Jahrhundert 1815–1871. Göttingen 1984.

44. H.-U. Wehler, Deutsche Gesellschaftsgeschichte. Bd. 1: Vom Feudalismus des Alten Reiches bis zur Defensiven Modernisierung der Reformära 1700–1815. Bd. 2: Von der Reformära bis

zur industriellen und politischen „Deutschen Doppelrevolution" 1815–1845/49. München 1987.

1. Der Begriff der Moderne und die Konzeption der Modernisierung

45. R. BENDIX, Modernisierung in internationaler Perspektive, in: W. ZAPF (Hrsg.), Theorien des sozialen Wandels. 4. Aufl. Königstein 1979, 505–512.
46. P. FLORA, Modernisierungsforschung. Zur empirischen Analyse der gesellschaftlichen Entwicklung. Opladen 1974.
47. H.-U. GUMBRECHT, Fortschritt und Komplexität. Die Anfänge moderner Sozialwissenschaft in Deutschland, in: R. KOSELLECK (Hrsg.), Studien zum Beginn der modernen Welt. Stuttgart 1977, 375–382.
48. M. HAHN, Historiker und Klassen. Zur Grundlegung einer Geschichte der bürgerlichen Gesellschaft. Frankfurt a. M./New York 1976.
49. H. R. JAUSS, Literarische Tradition und gegenwärtiges Bewußtsein der Modernität, in: DERS., Literaturgeschichte als Provokation. Frankfurt a. M. 1970, 11–66.
50. R. M. LEPSIUS, Soziologische Theoreme über die Sozialstruktur der „Moderne" und die „Modernisierung", in: R. KOSELLECK (Hrsg.). Studien zum Beginn der modernen Welt. Stuttgart 1977, 10–29.
51. F. MARTINI, Modern. Die Moderne, in: W. KOHLSCHMIDT/W. MOHR (Hrsg.), Reallexikon der Deutschen Literaturgeschichte. Bd. 2. 2. Aufl. Berlin 1965, 391–415.
52. H.-U. WEHLER, Modernisierungstheorie und Geschichte. Göttingen 1975.
53. P. WEHLING, Die Moderne als Sozialmythos. Frankfurt 1990.

2. Formprinzipien und Gestalt der ständischen Gesellschaft

54. K. O. FRHR. V. ARETIN (Hrsg.), Der Aufgeklärte Absolutismus. 4. Aufl. Köln 1979.
55. I. BÁTORI, Soziale Schichtung und soziale Mobilität in der Gesellschaft Alteuropas: Methodische und theoretische Probleme, in: I. MIECK (Hrsg.), Soziale Schichtung und soziale Mobilität in der Gesellschaft Alteuropas. Berlin 1984, 8–29.
56. V. BAUR, Kleiderordnungen in Bayern vom 14. bis zum 19. Jahrhundert. München 1975.

57. G. BIRTSCH (Hrsg.), Grund- und Freiheitsrechte im Wandel von Gesellschaft und Geschichte. Göttingen 1981.

58. P. BLICKLE, Landschaften im alten Reich. Die staatliche Funktion des gemeinen Mannes in Oberdeutschland. München 1973.

59. P. BLICKLE, Deutsche Untertanen. Ein Widerspruch. München 1981.

60. M. BOTZENHART, Verfassungsproblematik und Ständepolitik in der preußischen Reformzeit, in: P. BAUMGART (Hrsg.), Ständetum und Staatsbildung in Brandenburg-Preußen. Ergebnisse einer internationalen Fachtagung. Berlin/New York 1983, 431–455.

61. O. DANN, Gleichheit und Gleichberechtigung. Das Gleichheitspostulat in der alteuropäischen Tradition und in Deutschland bis zum ausgehenden 19. Jahrhundert. Berlin 1980.

62. G. DUBY, Die drei Ordnungen. Das Weltbild des Feudalismus. Frankfurt a. M. 1981.

63. R. VAN DÜLMEN, Formierung der europäischen Gesellschaft in der frühen Neuzeit, in: GG 7, 1981, 5–41.

64. L. C. EISENBART, Kleiderordnungen der deutschen Städte zwischen 1350 und 1700. Ein Beitrag zur Kulturgeschichte des deutschen Bürgertums. Göttingen 1962.

65. H. KAELBLE, Gesellschaftsepochen und soziale Mobilität, in: J. BERGMANN / J. BROCKSTEDT / H. KAELBLE u. a. (Hrsg.), Arbeit, Mobilität, Partizipation, Protest. Gesellschaftlicher Wandel in Deutschland im 19. und 20. Jahrhundert. Opladen 1986, 66–99.

66. K. MALETTKE (Hrsg.), Ämterkäuflichkeit: Aspekte sozialer Mobilität im europäischen Vergleich (17. und 18. Jahrhundert). Berlin 1980.

67. I. MIECK, (Hrsg.), Ämterhandel im Spätmittelalter und im 16. Jahrhundert. Berlin 1984.

68. P. MORAW/V. PRESS, Probleme der Sozial- und Verfassungsgeschichte des Heiligen Römischen Reiches im späten Mittelalter und in der frühen Neuzeit (13.–18. Jahrhundert), in: ZHF 2, 1975, 95–108.

69. P. MÜNCH, Grundwerte der frühneuzeitlichen Ständegesellschaft? Aufriß einer vernachlässigten Thematik, in: W. SCHULZE (Hrsg.), Ständische Gesellschaft und soziale Mobilität. München 1988, 53–72.

70. G. OESTREICH, Zur Vorgeschichte des Parlamentarismus: Ständische Verfassung, Landständische Verfassung und Landschaftliche Verfassung, in: ZHF 6, 1979, 63–80.

71. O. G. Oexle, Die funktionale Dreiteilung als Deutungsschema der sozialen Wirklichkeit in der ständischen Gesellschaft des Mittelalters, in: W. Schulze (Hrsg.), Ständische Gesellschaft und soziale Mobilität. München 1988, 19–51.

72. O. G. Oexle/W. Conze/R. Walther, Art. Stand, Klasse in: O. Brunner/W. Conze/R. Koselleck (Hrsg.), Geschichtliche Grundbegriffe. Bd. 6. Stuttgart 1990, 155–284.

73. V. Press, Herrschaft, Landschaft und „Gemeiner Mann" in Oberdeutschland vom 15. bis zum 19. Jahrhundert, in: ZGO 123, 1975, 169–214.

74. R. Reith, Arbeits- und Lebensweise im städtischen Handwerk. Zur Sozialgeschichte Augsburger Handwerksgesellen im 18. Jahrhundert (1700–1806). Göttingen 1988.

75. D. Saalfeld, Die ständische Gliederung der Gesellschaft Deutschlands im Zeitalter des Absolutismus. Ein Quantifizierungsversuch, in: VSWG 67, 1980, 457–483.

76. J. Schlumbohm, Freiheit – Die Anfänge der bürgerlichen Emanzipationsbewegung in Deutschland im Spiegel ihres Leitwortes. Düsseldorf 1975.

77. G. Schmidt (Hrsg.), Stände und Gesellschaft im Alten Reich. Stuttgart 1989.

78. W. Schulze, Zur politischen Bedeutung des „gemeinen Mannes" in ständischen Versammlungen des 16. Jahrhunderts, in: ZAA 21, 1973, 48–64.

79. W. Schulze, Bäuerlicher Widerstand und feudale Herrschaft in der frühen Neuzeit. Stuttgart-Bad Cannstatt 1980.

80. W. Schulze, Vom Gemeinnutz zum Eigennutz. Über den Normenwandel in der ständischen Gesellschaft in der Frühen Neuzeit, in: HZ 243, 1986, 591–627.

81. W. Schulze, Ständische Gesellschaft und Individualrechte, in: G. Birtsch (Hrsg.), Grund- und Freiheitsrechte von der ständischen zur spätbürgerlichen Gesellschaft. Göttingen 1987, 161–179.

82. W. Schulze (Hrsg.), Ständische Gesellschaft und soziale Mobilität. München 1988.

83. J. A. Vann, New Directions for Study of the Old Reich, in: JModH 58, 1986, Supplement, 3–22.

84. D. Willoweit, Struktur und Funktion intermediärer Gewalten im Ancien Régime, in: Gesellschaftliche Strukturen als Verfassungsprobleme. Der Staat Beih. 2, 1978, 9–27.

3. Theorie und Begriffsgeschichte der bürgerlichen Gesellschaft

85. U. A. J. BECHER, Politische Gesellschaft. Studien zur Genese bürgerlicher Öffentlichkeit in Deutschland. Göttingen 1978.

86. S. BÖHM, Teil und Ganzes: Einige Bemerkungen aus ökonomischer Sicht, oder: Smith, Keynes und die Heutigen, in: K. ACHAM/W. SCHULZE (Hrsg.), Teil und Ganzes. Zum Verhältnis von Einzel- und Gesamtanalyse in Geschichts- und Sozialwissenschaften. München 1990, 45–71.

87. F. BORKENAU, Der Übergang vom feudalen zum bürgerlichen Weltbild. Studien zur Geschichte der Philosophie der Manufakturperiode. Paris 1934, ND Darmstadt 1980.

88. L. GALL, Liberalismus und „bürgerliche Gesellschaft". Zu Charakter und Entwicklung der liberalen Bewegung in Deutschland, in: HZ 220, 1975, 324–356.

89. L. GALL, „... ich wünschte ein Bürger zu sein". Zum Selbstverständnis des deutschen Bürgertums im 19. Jahrhundert, in: HZ 245, 1987, 601–623.

90. D. GRIMM, Grundrechte und Privatrecht in der bürgerlichen Sozialordnung, in: G. BIRTSCH (Hrsg.), Grund- und Freiheitsrechte im Wandel von Gesellschaft und Geschichte. Göttingen 1981, 359–375.

91. U. HALTERN, Bürgerliche Gesellschaft – Theorie und Geschichte, in: NPL 19, 1974, 472–488 u. NPL 20, 1975, 45–59.

92. U. HALTERN, Entwicklungsprobleme der bürgerlichen Gesellschaft, in: GG 5, 1979, 274–292.

93. U. HALTERN, Bürgerliche Gesellschaft. Sozialtheoretische und sozialhistorische Aspekte. Darmstadt 1985.

94. M. HORKHEIMER, Anfänge der bürgerlichen Geschichtsphilosophie. Stuttgart 1930. Neuaufl. Hamburg 1971.

95. R. KOSELLECK, Kritik und Krise. Eine Studie zur Pathogenese der bürgerlichen Welt. Freiburg/München 1959. Neuaufl. Frankfurt a. M. 1973.

96. C. B. MACPHERSON, Die politische Theorie des Besitzindividualismus. Von Hobbes bis Locke. Frankfurt a. M. 1973.

97. H. MEDICK, Naturzustand und Naturgeschichte der bürgerlichen Gesellschaft. Die Ursprünge der bürgerlichen Sozialtheorie als Geschichtsphilosophie und Sozialwissenschaft bei Samuel Pufendorf, John Locke und Adam Smith. Göttingen 1973.

98. W. MESCHKE, Das Wort „Bürger". Geschichte seiner Wandlungen im Bedeutungs- und Wertgehalt. Diss. masch. Greifswald 1952.

99. P. Nolte, Bürgerideal, Gemeinde und Republik. „Klassischer Republikanismus" im frühen deutschen Liberalismus, in: HZ 254, 1992, 609–656.
100. J. G. A. Pocock, The Machiavellian Moment. Florentine Political Thought and the Atlantic Republican Tradition. Princeton 1975.
101. J. G. A. Pocock, Virtue, Commerce, and History. Essays on Political Thought and History, chiefly in the Eighteenth Century. Cambridge 1985.
102. Manfred Riedel, Art. Bürger, Staatsbürger, Bürgertum, in: O. Brunner/W. Conze/R. Koselleck (Hrsg.), Geschichtliche Grundbegriffe. Bd. 1. Stuttgart 1972, 672–725.
103. M. Riedel, Bürgerliche Gesellschaft und Staat. Grundprobleme und Struktur der Hegelschen Rechtsphilosophie, in: Ders., Studien zu Hegels Rechtsphilosophie. Frankfurt a. M. 1969, 135–166.
104. M. Riedel, Art. Gesellschaft, bürgerliche, in: O. Brunner/W. Conze/R. Koselleck (Hrsg.), Geschichtliche Grundbegriffe. Bd. 2. Stuttgart 1975, 719–800.
105. G. Schulz, Die Entstehung der bürgerlichen Gesellschaft. Zur Genesis politischer Ideen und Begriffe, in: Ders., Das Zeitalter der Gesellschaft. Aufsätze zur politischen Sozialgeschichte der Neuzeit. München 1969, 13–111.
106. P.-L. Weinacht, „Staatsbürger". Zur Geschichte und Kritik eines politischen Begriffs, in: Der Staat 8, 1969, 41–63.
107. A. Wirsching, Bürgertugend und Gemeininteresse. Zum Topos der „Mittelklassen" in England im späten 18. und frühen 19. Jahrhundert, in: AKG 72, 1990, 173–199.

4. Strukturwandel der Öffentlichkeit und Entwicklung des Vereinswesens

108. M. Agethen, Aufklärungsgesellschaften, Freimaurerei, Geheime Gesellschaften. Ein Forschungsbericht (1976–1986), in: ZHF 14, 1987, 439–463.
109. M. Agethen, Geheimbund und Utopie. Illuminaten, Freimaurer und deutsche Spätaufklärung. 2. Aufl. München 1987.
110. Eva H. Balázs/L. Hammermayer/H. Wagner u. a. (Hrsg.), Beförderer der Aufklärung in Mittel- und Osteuropa. Freimaurer, Gesellschaften, Klubs. Berlin 1979.

111. M. BIRCHER/F. V. INGEN (Hrsg.), Sprachgesellschaften, Sozietäten, Dichtergruppen. Hamburg 1978.

112. H. E. BÖDEKER, Strukturen der Aufklärungsgesellschaft in der
Residenzstadt Kassel, in: Mentalitäten und Lebensverhältnisse.
Fschr. f. Rudolf Vierhaus. Göttingen 1982, 35–76.

113. W. BOLDT, Die Anfänge des deutschen Parteiwesens. Fraktionen, politische Vereine und Parteien in der Revolution 1848/
49. Paderborn 1971.

114. O. DANN, Die Anfänge politischer Vereinsbildung in Deutschland, in: U. ENGELHARDT/V. SELLIN/H. STUKE (Hrsg.), Soziale
Bewegung und politische Verfassung. Beiträge zur Geschichte
der modernen Welt. Stuttgart 1976, 197–232.

115. O. DANN (Hrsg.), Lesegesellschaften und bürgerliche Emanzipation. Ein europäischer Vergleich. München 1981.

116. O. DANN (Hrsg.), Vereinswesen und bürgerliche Gesellschaft in
Deutschland. München 1984.

117. W. DOTZAUER, Aufklärung und Sozietäten im 18. Jahrhundert,
in: Beiträge zur mittelrheinischen Landesgeschichte. Wiesbaden 1980, 260–272.

118. W. DOTZAUER, Freimaurergesellschaften am Rhein. Aufge-
klärte Sozietäten auf dem linken Rheinufer vom Ausgang des
Ancien Régime bis zum Ende der Napoleonischen Herrschaft.
Wiesbaden 1977.

119. D. DÜDING, Organisierter gesellschaftlicher Nationalismus in
Deutschland (1808–1847). Bedeutung und Funktion der Tur-
ner- und Sängervereine für die deutsche Nationalbewegung.
München 1984.

120. R. VAN DÜLMEN, Der Geheimbund der Illuminaten. Darstellung, Analyse, Dokumentation. Stuttgart 1975.

121. R. VAN DÜLMEN, Die Aufklärungsgesellschaften in Deutschland
als Forschungsproblem, in: Francia 5, 1977, 251–275.

122. R. VAN DÜLMEN, Die Gesellschaft der Aufklärer. Zur bürgerlichen Emanzipation und aufklärerischen Kultur in Deutschland. Frankfurt a. M. 1986.

123. M. W. FISCHER, Die Aufklärung und ihr Gegenteil. Die Rolle
der Geheimbünde in Wissenschaft und Politik. Berlin 1982.

124. C. FOERSTER, Der Preß- und Vaterlandsverein von 1832/33. Sozialstruktur und Organisationsverhalten der bürgerlichen Bewegung in der Zeit des Hambacher Festes. Trier 1982.

125. E. FRANÇOIS (Hrsg.), Geselligkeit, Vereinswesen und bürgerli-

che Gesellschaft in Frankreich, Deutschland und der Schweiz, 1750–1850. Paris 1986.

126. H. GEBHARDT, Revolution und liberale Bewegung. Die nationale Organisation der konstitutionellen Partei in Deutschland 1848/49. Bremen 1974.

127. K. GERTEIS, Bildung und Revolution. Die deutschen Lesegesellschaften am Ende des 18. Jahrhunderts, in: AKG 53, 1971, 127–139.

128. J. HABERMAS, Strukturwandel der Öffentlichkeit. Untersuchungen zu einer Kategorie der bürgerlichen Gesellschaft. Neuaufl. Frankfurt a. M. 1990. (1. Aufl. 1962).

129. W. HARDTWIG, Strukturmerkmale und Entwicklungstendenzen des Vereinswesens in Deutschland 1789–1848, in: O. DANN (Hrsg.), Vereinswesen und bürgerliche Gesellschaft in Deutschland. München 1984, 11–50.

130. C. HAUSER, Anfänge bürgerlicher Organisation. Philhellenismus und Frühliberalismus in Südwestdeutschland. Göttingen 1990.

131. E. ILLNER, Bürgerliche Organisierung in Elberfeld 1775–1850. Neustadt 1982.

132. U. IM HOF, Das gesellige Jahrhundert. Gesellschaft und Gesellschaften im Zeitalter der Aufklärung. München 1982.

133. F. KOPITZSCH, Grundzüge einer Sozialgeschichte der Aufklärung in Hamburg und Altona. 2. Aufl. Hamburg 1990.

134. D. LANGEWIESCHE, Die Anfänge der deutschen Parteien. Partei, Fraktion und Verein in der Revolution von 1848/49, in: GG 4, 1978, 324–361.

135. D. LANGEWIESCHE, Vereins- und Parteibildung in der Revolution von 1848/49 – ein Diskussionsbeitrag, in: O. DANN (Hrsg.), Vereinswesen und bürgerliche Gesellschaft in Deutschland. München 1984, 51–53.

136. P. C. LUDZ (Hrsg.), Geheime Gesellschaften. Heidelberg 1979.

137. E. MANHEIM, Aufklärung und öffentliche Meinung. Studien zur Soziologie der Öffentlichkeit im 18. Jahrhundert. Hrsg. u. eingel. v. N. SCHINDLER. Stuttgart 1979. (1. Aufl. 1933.)

138. H. MÖLLER, Die Gold- und Rosenkreuzer. Struktur, Zielsetzung und Wirkung einer antiaufklärerischen Geheimgesellschaft, in: P. C. LUDZ (Hrsg.), Geheime Gesellschaften. Heidelberg 1979, 153–202.

139. H. MÖLLER, Vernunft und Kritik. Deutsche Aufklärung im 17. und 18. Jahrhundert. Frankfurt a. M. 1986.

140. F. MÜLLER, Korporation und Assoziation. Eine Problemge-
schichte der Vereinigungsfreiheit im deutschen Vormärz. Berlin
1965.

141. K. MÜLLER, Zur Entstehung und Wirkung der wissenschaftlichen Akademien und gelehrten Gesellschaften des 17. Jahrhunderts, in: H. RÖSSLER/G. FRANZ (Hrsg.), Universitäten und Ge-
lehrtenstand 1400–1800. Limburg a. d. Lahn 1970, 127–144.

142. T. NIPPERDEY, Verein als soziale Struktur in Deutschland im
späten 18. und frühen 19. Jahrhundert, in: DERS., Gesellschaft,
Kultur, Theorie. Gesammelte Aufsätze zur neueren Geschichte.
Göttingen 1976, 174–205.

143. K. F. OTTO, Die Sprachgesellschaften des 17. Jahrhunderts.
Stuttgart 1972.

144. J. PASCHEN, Demokratische Vereine und preußischer Staat.
München 1977.

145. M. PRÜSENER, Lesegesellschaften im 18. Jahrhundert. Ein Beitrag zur Lesergeschichte. Frankfurt a. M. 1972.

146. H. REINALTER (Hrsg.), Freimaurer und Geheimbünde im
18. Jahrhundert in Mitteleuropa. Frankfurt a. M. 1983.

147. N. SCHINDLER, Freimaurerkultur im 18. Jahrhundert. Zur sozialen Funktion des Geheimnisses in der entstehenden bürgerlichen Gesellschaft, in: R. M. BERDAHL/A. LÜDTKE/H. MEDICK
u. a. (Hrsg.), Klassen und Kultur. Sozialanthropologische Perspektiven in der Geschichtsschreibung. Frankfurt a. M. 1982,
205–262.

148. J. SCHLOBACH, Französische Aufklärung und deutsche Fürsten,
in: ZHF 17, 1990, 327–349.

149. H.-H. SOLF, Die Funktion der Geheimhaltung in der Freimaurerei, in: P. C. LUDZ (Hrsg.), Geheime Gesellschaften. Heidelberg 1979, 43–50.

150. C. STOLL, Sprachgesellschaften im Deutschland des 17. Jahrhunderts. München 1973.

151. R. VIERHAUS (Hrsg.), Deutsche patriotische und gemeinnützige
Gesellschaften. München 1980.

152. M. WETTENGEL, Die Revolution von 1848/49 im Rhein-Main-
Raum. Politische Vereine und Revolutionsalltag im Großher-
zogtum Hessen, Herzogtum Nassau und in der Freien Stadt
Frankfurt. Wiesbaden 1989.

5. Einfluß und Auswirkungen der Französischen Revolution

153. K. O. FRHR. V. ARETIN/K. HÄRTER (Hrsg.), Revolution und konservatives Beharren. Das Alte Reich und die Französische Revolution. Mainz 1990.

154. H. BERDING, Französische Revolution und sozialer Protest in Deutschland, in: A. HERZIG/I. STEPHAN/H. G. WINTER (Hrsg.), „Sie und nicht wir" – Die Französische Revolution und ihre Wirkung auf Norddeutschland und das Reich. Bd. 2: Das Reich. Hamburg 1989, 415–430.

155. H. BERDING/E. FRANÇOIS/H.-P. ULLMANN (Hrsg.), Deutschland und Frankreich im Zeitalter der Französischen Revolution. Frankfurt a. M. 1989.

156. O. BÜSCH/M. NEUGEBAUER, Preußen und die revolutionäre Herausforderung seit 1789. Ergebnisse einer Konferenz. Berlin/New York 1991.

157. M. BUHR/H. H. HOLZ/H. J. SANDKÜHLER (Hrsg.), Republik der Menschheit. Französische Revolution und deutsche Philosophie. Köln 1989.

158. H. DIPPEL, Austritt aus dem Ghetto? Deutsche Neuerscheinungen zur Französischen Revolution, in: HZ 252, 1991, 339–394.

159. R. DUFRAISSE, Les relations économiques entre la France révolutionnaire et l'Allemagne, in: J. VOSS (Hrsg.), Deutschland und die Französische Revolution. München/Zürich 1983, 214–249.

160. F. DUMONT, Die Mainzer Republik von 1792/93. Studien zur Revolutionierung in Rheinhessen und der Pfalz. Alzey 1982.

161. F. FURET (Ed.), The French Revolution and the Creation of Modern Political Culture. Vol. 3: The Influence of the French Revolution on Nineteenth-Century Europe. Oxford 1987.

162. W. GRAB, Ein Volk muß seine Freiheit selbst erobern. Zur Geschichte der deutschen Jakobiner. Frankfurt a. M. 1984.

163. H. HAASIS, Gebt der Freiheit Flügel. Die Zeit der deutschen Jakobiner 1789–1805. Reinbek 1988.

164. A. KUHN (Hrsg.), Revolutionsbegeisterung an der hohen Carlsschule. Stuttgart–Bad Cannstadt 1989.

165. A. KUHN, Freiheit, Gleichheit, Brüderlichkeit. Debatten um die Französische Revolution. Hannover 1989.

166. H.-J. LÜSEBRINK/R. REICHARDT, Die Bastille. Zur Symbolgeschichte von Herrschaft und Freiheit. Frankfurt a. M. 1990.

167. J. MÜLLER, Von der alten Stadt zur neuen Munizipalität. Die Auswirkungen der Französischen Revolution in den linksrheinischen Städten Speyer und Koblenz. Koblenz 1990.

168. V. PRESS, Österreich, das Reich und die Eindämmung der Revolution in Deutschland, in: H. BERDING (Hrsg.), Soziale Unruhen in Deutschland während der Französischen Revolution. Göttingen 1988, 237–258.

169. V. PRESS, Reichsstadt und Revolution, in: B. KIRCHGÄSSNER/E. NAUJOKS (Hrsg.), Stadt und wirtschaftliche Selbstverwaltung. Sigmaringen 1987, 9–59.

170. R. REICHARDT, Bastillen in Deutschland? Gesellschaftliche Auswirkungen der Französischen Revolution am Beispiel des Pariser Bastillensturms, in: R. MELVILLE/C. SCHARF/M. VOGT (Hrsg.), Deutschland und Europa in der Neuzeit. Fschr. f. K. O. Frhr. v. Aretin z. 65. Geb. 2 Bde. Stuttgart 1988, 419–467.

171. R. REICHARDT, Deutsche Volksbewegungen zur Zeit des Bastillesturms. Ein Beitrag zum sozio-kulturellen Transfer der Französischen Revolution, in: H. BERDING (Hrsg.), Soziale Unruhen in Deutschland während der Französischen Revolution. Göttingen 1988, 10–27.

172. H. REINALTER (Hrsg.), Jakobiner in Mitteleuropa. Innsbruck 1977.

173. H. REINALTER, Die Französische Revolution und Mitteleuropa. Erscheinungsformen und Wirkungen des Jakobinismus, seine Gesellschaftstheorien und politischen Vorstellungen. Frankfurt a. M. 1988.

174. H. SCHEEL, Die Mainzer Republik. Die erste bürgerlich-demokratische Republik auf deutschem Boden. Eine Darstellung. Berlin 1989.

175. H. SCHEEL, Süddeutsche Jakobiner. Klassenkämpfe und republikanische Bestrebungen im deutschen Süden Ende des 18. Jahrhunderts. Berlin 1980.

176. H. SCHMIDT, Die Französische Revolution in der deutschen Geschichtsschreibung, in: Francia 17, 1990, 181–206.

177. V. SCHMIDT-LINSENHOFF (Hrsg.), Sklavin oder Bürgerin? Französische Revolution und Neue Weiblichkeit 1760–1830. Marburg 1989.

178. I. STEPHAN/S. WEIGEL, Die Marseillaise der Weiber – Frauen, die Französische Revolution und ihre Rezeption. Hamburg 1989.

179. F. VALJAVEC, Die Entstehung der politischen Strömungen in Deutschland 1770–1815. München 1951. ND Kronberg i. Ts./ Düsseldorf 1978.

180. J. VOSS (Hrsg.), Deutschland und die Französische Revolution. München/Zürich 1983.

181. M. ZUCKERMAN, Das Trauma des „Königsmordes". Französische Revolution und deutsche Geschichtsschreibung im Vormärz. Frankfurt a. M. 1989.

6. Die Bedeutung der Reformzeit

182. K. O. FRHR. V. ARETIN, Bayerns Weg zum souveränen Staat. Landstände und Konstitutionelle Monarchie, 1714–1818. München 1976.

183. H. BERDING, Napoleonische Herrschafts- und Gesellschaftspolitik im Königreich Westfalen 1807–1813. Göttingen 1973.

184. H. BERDING, Privatkapital, Staatsfinanzen und Reformpolitik im Deutschland der napoleonischen Zeit. Ostfildern 1981.

185. H. BERDING, Die Reform des Zollwesens im rheinbündischen Deutschland, in: DERS./H.-P. ULLMANN (Hrsg.)., Deutschland zwischen Revolution und Restauration. Königstein/Düsseldorf 1981, 91–107.

186. L. BERGERON, Remarques sur les conditions du développement industriel en Europe occidentale à l'époque napoléonienne, in: Francia 1, 1973, 537–556.

187. M. BOTZENHART, Wandlungen der ständischen Gesellschaft im Deutschland der preußischen und rheinbündischen Reformen, in: Von der ständischen Gesellschaft zur bürgerlichen Gleichheit. Berlin 1980, 55–75.

188. R. BRAUN, Steuern und Staatsfinanzierung als Modernisierungsfaktoren. Ein deutsch-englischer Vergleich, in: R. KOSELLECK (Hrsg.), Studien zum Beginn der modernen Welt. Stuttgart 1977, 241–263.

189. R. BÜTTNER, Die Säkularisation der Kölner geistlichen Institutionen. Wirtschaftliche und soziale Bedeutung und Auswirkungen. Köln 1971.

190. C. DIPPER, Probleme einer Wirtschafts- und Sozialgeschichte der Säkularisation in Deutschland (1803–1813), in: A. V. REDEN-DOHNA (Hrsg.), Deutschland und Italien im Zeitalter Napoleons. Wiesbaden 1979.

191. C. DIPPER, Die Bauernbefreiung in Deutschland 1790–1850. Stuttgart/Berlin/Köln/Mainz 1980.

192. R. DUFRAISSE, Das napoleonische Deutschland. Stand und Probleme der Forschung unter besonderer Berücksichtigung der linksrheinischen Gebiete, in: GG 6, 1980, 467–483.

193. R. DUFRAISSE, L'influence de la politique économique napoléonienne sur l'économie des états du Rheinbund, in: E. WEIS (Hrsg.), Reformen im rheinbündischen Deutschland. München 1984, 75–95.

194. M. DUNAN, Napoléon et l'Allemagne. Le système continental et les débuts du royaume de Bavière, 1806–1810. Diss. Paris 1942.

195. E. FEHRENBACH, Traditionale Gesellschaft und revolutionäres Recht. 3. Aufl. Göttingen 1983.

196. E. FEHRENBACH, Verfassungs- und sozialpolitische Reformen und Reformprojekte in Deutschland unter dem Einfluß des napoleonischen Frankreich, in: HZ 228, 1979, 288–316.

197. W. FISCHER, Wirtschaft und Wirtschaftspolitik in Deutschland unter den Bedingungen der britisch-französischen Blockade und Gegenblockade 1797–1812, in: K. O. FRHR. V. ARETIN/G. A. RITTER (Hrsg.), Historismus und moderne Geschichtswissenschaft. Stuttgart 1987, 245–354.

198. P. FLECK, Agrarreformen in Hessen-Darmstadt. Agrarverfassung, Reformdiskussion und Grundlastenablösung (1770–1860). Darmstadt 1982.

199. E. G. FRANZ, Das Großherzogtum Hessen-Darmstadt, in: W. HEINEMEYER (Hrsg.), Das Werden Hessens. Marburg 1986.

200. H. HARNISCH, Kapitalistische Agrarreform und Industrielle Revolution. Agrarhistorische Untersuchungen über das ostelbische Preußen zwischen Spätfeudalismus und bürgerlich-demokratischer Revolution 1848/49. Weimar 1984.

201. W. V. HIPPEL, Bauernbefreiung im Königreich Württemberg. 2 Bde. Boppard a. Rh. 1977.

202. H. KLUETING, Die Säkularisation im Herzogtum Westfalen 1802–1834. Vorbereitung, Vollzug und wirtschaftlich-soziale Auswirkungen der Klosteraufhebung. Köln 1980.

203. M. KUTZ, Deutschlands Außenhandel 1789–1834. Wiesbaden 1974.

204. W. MAGER, Landwirtschaft und ländliche Gesellschaft auf dem Weg in die Moderne. Umwälzungen und Reformen im Zeitalter der Französischen Revolution, in: H. BERDING/E. FRANÇOIS/H.-P. ULLMANN (Hrsg.), Deutschland und Frankreich im

Zeitalter der Französischen Revolution. Frankfurt a. M. 1989, 73–95.

205. G. MOLL, „Preußischer Weg" und bürgerliche Umwälzung in Deutschland. Weimar 1988.

206. J. MÜLLER/S. GRAUMANN, Französische Verwaltung am Niederrhein. Das Roerdepartement 1789–1814. Essen 1990.

207. M. MÜLLER, Säkularisation und Grundbesitz. Zur Sozialgeschichte des Saar-Mosel-Raumes 1794–1813. Boppard a. Rh. 1980.

208. P. NOLTE, Staatsbildung als Gesellschaftsreform in Preußen und den süddeutschen Staaten 1800–1820. Frankfurt a. M./ New York 1990.

209. G. RITTER, Stein. Eine politische Biographie. 2 Bde. Stuttgart/ Berlin 1931. 4. Aufl. Stuttgart 1981.

210. H. ROSENBERG, Bureaucracy, Aristocracy and Autocracy. The Prussian Experience 1660–1815. Cambridge 1958.

211. D. SAALFELD, Zur Frage des bäuerlichen Landverlustes im Zusammenhang mit den preußischen Agrarreformen, in: ZAA 11, 1963, 163–171.

212. D. SAALFELD, Die Kontinentalsperre, in: H. POHL (Hrsg.), Die Auswirkungen von Zöllen und anderen Handelshemmnissen auf Wirtschaft und Gesellschaft vom Mittelalter bis zur Gegenwart. Stuttgart 1987, 121–139.

213. P. SAUER, Napoleons Adler über Württemberg, Baden und Hohenzollern. Südwestdeutschland in der Rheinbundzeit. Stuttgart 1987.

214. W. SCHIEDER/A. KUBE, Säkularisation und Mediatisierung. Die Veräußerung der Nationalgüter im Rhein-Mosel-Departement 1803–1813. Boppard a. Rh. 1987.

215. H. SCHISSLER, Preußische Finanzpolitik nach 1807. Die Bedeutung der Staatsverschuldung als Faktor der Modernisierung des preußischen Finanzsystems, in: GG 8, 1982, 367–385.

216. K. H. SCHNEIDER/H. H. SEEDORF, Bauernbefreiung und Agrarreformen in Niedersachsen. Hannover 1989.

217. K. H. SCHNEIDER, Agrarreformen und bäuerliche Gemeinde, in: NdsJb 61, 1989, 215–233.

218. K. H. SCHNEIDER, Bäuerliche Aktivitäten während der Bauernbefreiung, in: ZAA 37, 1989, 9–27.

219. A. SCHULZ, Herrschaft durch Verwaltung. Die Rheinbundreformen in Hessen-Darmstadt unter Napoleon (1803–1815). Stuttgart 1991.

220. E. Treichel, Der Primat der Bürokratie. Bürokratischer Staat und bürokratische Elite im Herzogtum Nassau 1806–1866. Stuttgart 1991.

221. H.-P. Ullmann, Badische Reformen in der Rheinbundzeit, in: GG 8, 1982, 333–366.

222. H.-P. Ullmann, Staatsschulden und Reformpolitik. Die Entstehung moderner öffentlicher Schulden in Bayern und Baden 1780–1820. 2 Bde. Göttingen 1986.

223. H.-P. Ullmann, Überlegungen zur Entstehung des öffentlichen verfassungsmäßigen Kredits in den Rheinbundstaaten (Bayern, Württemberg und Baden), in: H. Berding/H.-.P. Ullmann (Hrsg.), Deutschland zwischen Revolution und Restauration. Königstein/Düsseldorf 1981, 108–132.

224. H.-P. Ullmann, Der Frankfurter Kapitalmarkt um 1800, in: VSWG 77, 1990, 75–90.

225. B. Vogel (Hrsg.), Preußische Reformen 1807–1820. Königstein i. Ts. 1980.

226. B. Vogel, Allgemeine Gewerbefreiheit: Die Reformpolitik des preussischen Staatskanzlers Hardenberg (1810–1820). Göttingen 1983.

227. H.-U. Wehler, Wirtschaftlicher Wandel in Deutschland 1789–1815, in: H. Berding/E. François/H.-P. Ullmann (Hrsg.), Deutschland und Frankreich im Zeitalter der Französischen Revolution. Frankfurt a. M. 1989, 100–120.

228. E. Weis, Der Einfluß der französischen Revolution und des Empire auf die Reformen in den süddeutschen Staaten, in: Francia 1, 1973, 569–583.

229. E. Weis, Montgelas 1759–1799. Zwischen Reformen und Revolution. München 1971.

230. E. Weis (Hrsg.), Reformen im rheinbündischen Deutschland. München 1984.

231. A. v. Witzleben, Staatsfinanznot und sozialer Wandel. Eine finanzsoziologische Analyse der preußischen Reformzeit zu Beginn des 19. Jahrhunderts. Stuttgart 1985.

232. B. Wunder, Geschichte der Bürokratie in Deutschland. Frankfurt a. M. 1986.

233. B. Wunder, Privilegierung und Disziplinierung. Die Entstehung des Berufsbeamtentums in Bayern und Württemberg (1780–1825). München 1978.

234. B. Wunder, Die Reform der Beamtenschaft in den Rhein-

bundstaaten, in: E. WEIS (Hrsg.), Reformen im rheinbündischen Deutschland. München 1984, 181–193.

7. Die Entwicklung einzelner gesellschaftlicher Gruppen

235. C. ARNEKE, Untersuchungen zur Demographie des niederen Adels in Deutschland im 19. Jahrhundert. Düsseldorf 1984.

236. P. AYÇOBERRY, Cologne entre Napoléon et Bismarck. Paris 1981.

237. I. BÁTORI/E. WEYRAUCH, Die bürgerliche Elite der Stadt Kitzingen. Studien zur Sozial- und Wirtschaftsgeschichte einer landesherrlichen Stadt im 16. Jahrhundert. Stuttgart 1982.

238. R. M. BERDAHL, The Politics of the Prussian Nobility – The Development of a Conservative Ideology 1770–1848. Princeton 1988.

239. H. BLEIBER (Hrsg.), Bourgeoisie und bürgerliche Umwälzung in Deutschland 1789–1871. Berlin (DDR) 1977.

240. R. BÖLLING, Sozialgeschichte der deutschen Lehrer. Ein Überblick von 1800 bis zur Gegenwart. Göttingen 1983.

241. R. BRAUN, Konzeptionelle Bemerkungen zum Obenbleiben: Adel im 19. Jahrhundert, in: H.-U. WEHLER (Hrsg.), Europäischer Adel 1750–1950. Göttingen 1990, 86–95.

242. J. BREUILLY, The Making of the German Working Class, in: AfS 27, 1987, 534–552.

243. F. L. CARSTEN, Geschichte der preußischen Junker. Frankfurt a. M. 1988.

244. W. CONZE/J. KOCKA (Hrsg.), Bildungsbürgertum im 19. Jahrhundert. T. 1: Bildungssystem und Professionalisierung in internationalen Vergleichen. Stuttgart 1985.

245. W. DEMEL, Der bayerische Adel von 1750 bis 1871, in: H.-U. WEHLER (Hrsg.), Europäischer Adel 1750–1950. Göttingen 1990, 126–143.

246. W. DEMEL, Adelsstruktur und Adelspolitik in der ersten Phase des Königreichs Bayern, in: E. WEIS (Hrsg.), Reformen im rheinbündischen Deutschland. München 1984, 213–228.

247. W. DEMEL, Die wirtschaftliche Lage des bayerischen Adels in den ersten Jahrzehnten des 19. Jahrhunderts, in: A. V. REDEN-DOHNA/R. MELVILLE (Hrsg.), Der Adel an der Schwelle des bürgerlichen Zeitalters 1780–1860. Stuttgart 1988, 237–269.

248. J. M. DIEFENDORF, Businessmen and Politics in the Rhineland, 1789–1834. Princeton 1980.

249. C. Dipper, Bauern als Gegenstand der Sozialgeschichte, in: W. Schieder/V. Sellin (Hrsg.), Sozialgeschichte in Deutschland. Bd. 4: Soziale Gruppen in der Geschichte. Göttingen 1987, 9–33.

250. R. S. Elkar, Junges Deutschland in polemischem Zeitalter. Das schleswig-holsteinische Bildungsbürgertum in der ersten Hälfte des 19. Jahrhunderts. Zur Bildungsrekrutierung und politischen Sozialisation. Düsseldorf 1979.

251. U. Engelhardt, „Bildungsbürgertum". Begriffs- und Dogmengeschichte eines Etiketts. Stuttgart 1986.

252. K.-G. Faber, Mitteleuropäischer Adel im Wandel der Neuzeit, in: GG 7, 1981, 276–296.

253. E. Fehrenbach, Der Adel in Frankreich und Deutschland im Zeitalter der Französischen Revolution, in: H. Berding/E. François/H.-P. Ullmann (Hrsg.), Deutschland und Frankreich im Zeitalter der Französischen Revolution. Frankfurt a. M. 1989, 177–215.

254. E. François, Koblenz im 18. Jahrhundert. Zur Sozial- und Bevölkerungsgeschichte einer deutschen Residenzstadt. Göttingen 1982.

255. E. François, Städtische Eliten in Deutschland zwischen 1650–1800. Einige Beispiele, Thesen und Fragen, in: H. Schilling/H. Diederiks (Hrsg.), Bürgerliche Eliten in den Niederlanden und Nordwestdeutschland. Köln/Wien 1985, 65–85.

256. U. Frevert (Hrsg.), Bürgerinnen und Bürger. Geschlechtsverhältnisse im 19. Jahrhundert. Göttingen 1988.

257. U. Frevert, „Tatenarm und gedankenvoll"? Bürgertum in Deutschland 1780–1820, in: H. Berding/E. François/H.-P. Ullmann (Hrsg.), Deutschland und Frankreich im Zeitalter der Französischen Revolution. Frankfurt a. M. 1989, 263–292.

258. C. R. Friedrichs, Urban Society in an Age of War. Nördlingen 1580–1720. Princeton 1979.

259. J. G. Gagliardo, From Pariah to Patriot. The Changing Image of the German Peasant 1770–1840. Kentucky 1969.

260. L. Gall (Hrsg.), Vom alten zum neuen Bürgertum. Die mitteleuropäische Stadt im Umbruch 1780–1820. München 1991.

261. H. H. Gerth, Bürgerliche Intelligenz um 1800. Zur Soziologie des deutschen Frühliberalismus (1935). Hrsg. v. U. Herrmann. Göttingen 1976.

262. H. Gollwitzer, Die Standesherren. Die politische und gesell-

schaftliche Stellung der Mediatisierten 1815–1918. 2. Aufl. Göttingen 1964.

263. G. GROSS, Die bürgerliche Agarreform in Sachsen in der ersten Hälfte des 19. Jahrhunderts. Weimar 1968.

264. U. HAGENAH, Ländliche Gesellschaft im Wandel zwischen 1750 und 1850 – das Beispiel Hannover, in: NdsJb 57, 1985, 161–206.

265. H.-W. HAHN, Altständisches Bürgertum zwischen Beharrung und Wandel. Wetzlar 1689–1870. München 1991.

266. H. HATTENHAUER, Geschichte des Beamtentums. Köln 1980.

267. C.-H. HAUPTMEYER, Verfassung und Herrschaft in Isny. Untersuchungen zur reichsstädtischen Rechts-, Verfassungs-, Verwaltungs- und Sozialgeschichte vornehmlich in der frühen Neuzeit. Göppingen 1976.

268. H. HENNING, Die deutsche Beamtenschaft im 19. Jahrhundert. Zwischen Stand und Beruf. Stuttgart 1984.

269. O. HINTZE, Der Beamtenstand, in: DERS., Beamtentum und Bürokratie. Göttingen 1981, 16–77.

270. H. H. HOFMANN, Eliten und Elitentransformation in Deutschland zwischen der Französischen Revolution und der Deutschen Revolution, in: DERS./G. FRANZ (Hrsg.), Deutsche Führungsschichten in der Neuzeit. Eine Zwischenbilanz. Boppard a. Rh. 1980, 143–201.

271. G. IPSEN, Die preußische Bauernbefreiung als Landesausbau, in: ZAA 2, 1954, 29–53.

272. W. KASCHUBA, Lebenswelt und Kultur der unterbürgerlichen Schichten im 19. und 20. Jahrhundert. München 1990.

273. K. H. KAUFHOLD, Das Gewerbe in Preußen um 1800. Göttingen 1978.

274. R. KOCH, Grundlagen bürgerlicher Herrschaft. Verfassungs- und sozialgeschichtliche Studien zur bürgerlichen Gesellschaft in Frankfurt am Main (1612–1866). Wiesbaden 1983.

275. J. KOCKA (Hrsg.), Bürger und Bürgerlichkeit im 19. Jahrhundert. Göttingen 1987.

276. J. KOCKA (Hrsg.), Bürgertum im 19. Jahrhundert. Deutschland im europäischen Vergleich. 3 Bde. München 1988.

277. J. KOCKA (Hrsg.), Bildungsbürgertum im 19. Jahrhundert. T. IV: Politischer Einfluß und gesellschaftliche Formation. Stuttgart 1989.

278. R. KOSELLECK (Hrsg.), Bildungsbürgertum im 19. Jahrhundert. T. II: Bildungsgüter und Bildungswissen. Stuttgart 1990.

279. W. KÜTTLER/G. SEEBER, Forschungsprobleme der Geschichte des deutschen Bürgertums und der deutschen Bourgeoisie, in: ZfG 28, 1980, 203–222.

280. F. LENGER, Sozialgeschichte der deutschen Handwerker seit 1800. Frankfurt a. M. 1988.

281. F. LENGER, Zur Sozialgeschichte des rheinischen Stadthandwerks im 19. Jahrhundert, in: RhVjbll 52, 1988, 171–189.

282. F. LENGER, Zwischen Kleinbürgertum und Proletariat. Studien zur Sozialgeschichte der Düsseldorfer Handwerker 1816–1878. Göttingen 1986.

283. M. R. LEPSIUS, Bürgertum als Gegenstand der Sozialgeschichte, in: W. SCHIEDER/V. SELLIN (Hrsg.), Sozialgeschichte in Deutschland. Bd. IV: Soziale Gruppen in der Geschichte. Göttingen 1987, 61–80.

284. P. LUNDGREEN, Techniker in Preußen während der frühen Industrialisierung. Ausbildung und Berufsfeld einer entstehenden sozialen Gruppe. Berlin 1975.

285. A. J. MAYER, Adelsmacht und Bürgertum. München 1984.

286. K. MÖCKL (Hrsg.), Hof und Hofgesellschaft in den deutschen Staaten im 19. und beginnenden 20. Jahrhundert. Boppard a. Rh. 1990.

287. K. MÖCKL, Der deutsche Adel und die fürstlich-monarchischen Höfe 1750–1918, in: H.-U. WEHLER (Hrsg.), Europäischer Adel 1750–1950. Göttingen 1990, 96–111.

288. J. MOOSER, Ländliche Klassengesellschaft 1770–1848. Bauern und Unterschichten, Landwirtschaft und Gewerbe im östlichen Westfalen. Göttingen 1984.

289. I. NICOLINI, Die politische Führungsschicht in der Stadt Köln gegen Ende der reichsstädtischen Zeit. Köln/Wien 1979.

290. L. O'BOYLE, Some Recent Studies of Nineteenth-century European Bureaucracy: Problems of Analysis, in: CEH 19, 1986, 386–408.

291. G. W. PEDLOW, The Survival of the Hessian Nobility, 1770–1870. Princeton 1988.

292. W. PRANGE, Die Anfänge der großen Agrarreformen in Schleswig-Holstein bis um 1771. Neumünster 1971.

293. N. v. PRERADOVICH, Die Führungsschichten in Österreich und Preußen (1804–1918). Wiesbaden 1955.

294. V. PRESS, Adel im 19. Jahrhundert. Die Führungsschichten Alteuropas im bürgerlich-bürokratischen Zeitalter, in: A. VON RE-

DEN-DOHNA/R. MELVILLE (Hrsg.), Der Adel an der Schwelle des bürgerlichen Zeitalters 1780–1860. Wiesbaden 1988, 1–19.

295. A. VON REDEN-DOHNA/R. MELVILLE (Hrsg.), Der Adel an der Schwelle des bürgerlichen Zeitalters 1780–1860. Wiesbaden 1988.

296. U. PUSCHNER, Handwerk zwischen Tradition und Wandel. Das Münchener Handwerk an der Wende vom 18. zum 19. Jahrhundert. Göttingen 1988.

297. H. REIF, Der Adel in der modernen Sozialgeschichte, in: W. SCHIEDER/V. SELLIN (Hrsg.), Sozialgeschichte in Deutschland. Bd. IV: Soziale Gruppen in der Geschichte. Göttingen 1986, 34–60.

298. H. REIF, Westfälischer Adel 1770–1860. Vom Herrschaftsstand zur regionalen Elite. Göttingen 1979.

299. R. REITH, Zur beruflichen Sozialisation im Handwerk vom 18. bis ins frühe 20. Jahrhundert. Umrisse einer Sozialgeschichte der deutschen Lehrlinge, in: VSWG 76, 1989, 1–27.

300. W. RIBBE, Soziale Schichtung und soziale Mobilität im ländlich-dörflichen Bereich, in: I. MIECK (Hrsg.), Soziale Schichten und soziale Mobilität in der Gesellschaft Alteuropas. Berlin 1984, 35–40.

301. R. RÜRUP, Judenemanzipation und Antisemitismus. Studien zur „Judenfrage" der bürgerlichen Gesellschaft. Göttingen 1975.

302. D. SAALFELD, Ländliche Bevölkerung und Landwirtschaft Deutschlands am Vorabend der Französischen Revolution, in: ZAA 37, 1989, 101–125.

303. W. SACHSE, Göttingen im 18. und 19. Jahrhundert. Zur Bevölkerungs- und Sozialstruktur einer deutschen Universitätsstadt. Göttingen 1987.

304. H. SCHILLING/H. DIEDERIKS (Hrsg.), Bürgerliche Eliten in den Niederlanden und in Nordwestdeutschland. Studien zur Sozialgeschichte des europäischen Bürgertums im Mittelalter und in der Neuzeit. Köln/Wien 1985.

305. H. SCHISSLER Preußische Agrargesellschaft im Wandel. Wirtschaftliche, gesellschaftliche und soziale Transformationsprozesse von 1763 bis 1847. Göttingen 1978.

306. J. SCHLUMBOHM, Bauern-Kötter-Heuerlinge. Bevölkerungsentwicklung und soziale Schichtung in einem Gebiet ländlichen Gewerbes. Das Kirchspiel Belm bei Osnabrück 1650–1860, in: NdsJb 58, 1986, 77–88.

307. P. E. Schramm, Neun Generationen. 300 Jahre deutscher „Kulturgeschichte" im Lichte der Schicksale einer Hamburger Bürgerfamilie (1648–1948). 2 Bde. Göttingen 1963/1964.

308. H. Schultz, Berlin 1650–1800: Sozialgeschichte einer Residenz. Berlin (DDR) 1987.

309. W. Schulze, Der bäuerliche Widerstand und die „Rechte der Menschheit", in: G. Birtsch (Hrsg.), Grund- und Freiheitsrechte im Wandel von Gesellschaft und Geschichte. Göttingen 1981, 41–56.

310. K. Schwieger, Bürgertum in Preußen vor der Französischen Revolution. Kiel 1973.

311. H. Sedatis, Liberalismus und Handwerk in Südwestdeutschland. Wirtschafts- und Gesellschaftskonzeptionen des Liberalismus und die Krise des Handwerks im 19. Jahrhundert. Stuttgart 1979.

312. T. Shanins (Ed.), Peasants and Peasant Societies. Harmondsworth 1971.

313. H. Siegrist (Hrsg.), Bürgerliche Berufe. Zur Soziologie der freien und akademischen Berufe im internationalen Vergleich. Göttingen 1988.

314. H. Speth, Die Reichsstadt Isny am Ende des alten Reiches (1775–1806). Untersuchungen über Verfassungs-, Finanz-, Wirtschafts- und Sozialgeschichte der Stadt im Vergleich mit Wangen i. A. und Leutkirch. Stuttgart 1973.

315. R. Stadelmann/W. Fischer, Die Bildungswelt des deutschen Handwerkers um 1800. Studien zur Soziologie des Kleinbürgers im Zeitalter Goethes. Berlin 1955.

316. R. S. Turner, The Bildungsbürgertum and the Learned Professions in Prussia, 1770–1830: The Origins of a Class, in: Histoire sociale – Social History 13, 1980, 105–135.

317. K. Vetter, Der brandenburgische Adel und der Beginn der bürgerlichen Umwälzung in Deutschland, in: A. v. Reden-Dohna/R. Melville (Hrsg.), Der Adel an der Schwelle des bürgerlichen Zeitalters 1780–1860. Wiesbaden 1988, 285–303.

318. R. Vierhaus, Umrisse einer Sozialgeschichte der Gebildeten in Deutschland, in: QuFiAB 60, 1980, 396–419.

319. M. Walker, German Home Towns. Community, State, and General Estate 1648–1871. Ithaca 1971.

320. B. Walter, Die Beamtenschaft in Münster zwischen ständischer und bürgerlicher Gesellschaft. Eine personengeschichtli-

che Studie zur staatlichen und kommunalen Beamtenschaft in Westfalen (1800–1850). Münster 1987.

321. I. WEBER-KELLERMANN, Landleben im 19. Jahrhundert. München 1987.

322. H.-U. WEHLER (Hrsg.), Europäischer Adel 1750–1950. Göttingen 1990.

323. K. F. WERNER (Hrsg.), Hof, Kultur und Politik im 19. Jahrhundert. Bonn 1985.

324. C. ZIMMERMANN, Reformen in der bäuerlichen Gesellschaft. Studien zum aufgeklärten Absolutismus in der Markgrafschaft Baden 1750–1790. Ostfildern 1983.

325. C. ZIMMERMANN, Dorf und Land in der Sozialgeschichte, in: W. SCHIEDER/V. SELLIN (Hrsg.), Sozialgeschichte in Deutschland. Bd. II: Handlungsräume des Menschen in der Geschichte. Göttingen 1986, 90–112.

326. H. ZWAHR, Proletariat und Bourgeoisie in Deutschland. Köln 1980.

8. Soziale Frage und sozialer Protest: Die Unterschichten

327. W. ABEL, Massenarmut und Hungerkrisen im vorindustriellen Europa. Versuch einer Synopsis. Hamburg/Berlin 1974.

328. H. BERDING (Hrsg.), Soziale Unruhen in Deutschland während der Französischen Revolution. Göttingen 1988.

329. D. BLASIUS, Kriminalität und Alltag. Zur Konfliktgeschichte des Alltagslebens im 19. Jahrhundert. Göttingen 1988.

330. W. K. BLESSING, Fest und Vergnügen der „Kleinen Leute". Wandlungen vom 18. bis zum 20. Jahrhundert, in: R. VAN DÜLMEN/N. SCHINDLER (Hrsg.), Volkskultur. Zur Wiederentdeckung des vergessenen Alltags (16.–20. Jahrhundert). Frankfurt a. M. 1984, 352–379.

331. P. BLICKLE, Unruhen in der ständischen Gesellschaft 1300–1800. München 1988.

332. R. BOCH, Zunfttradition und frühe Gewerkschaftsbewegung. Ein Beitrag zu einer beginnenden Diskussion mit besonderer Berücksichtigung des Handwerks im Verlagssystem, in: U. WENGENROTH (Hrsg.), Prekäre Selbständigkeit. Zur Standortbestimmung von Handwerk, Hausindustrie und Kleingewerbe im Industrialisierungsprozeß. Stuttgart 1989, 37–69.

333. W. CONZE, Vom „Pöbel" zum „Proletariat". Sozialgeschichtliche Voraussetzungen für den Sozialismus in Deutschland

(1954), wiederabgedr. in: H.-U. Wehler (Hrsg.), Moderne deutsche Sozialgeschichte. Köln/Berlin 1966, 111–135.

334. M. Gailus, Straße und Brot. Sozialer Protest in den deutschen Staaten unter besonderer Berücksichtigung Preußens, 1847–1849. Göttingen 1990.

335. D. Geary, Artisans, Protest and Labour Organization in Germany 1815–1870, in: EHQ 16, 1986, 369–378.

336. W. Giesselmann, Protest als Gegenstand sozialgeschichtlicher Forschung, in: W. Schieder/V. Sellin (Hrsg.), Sozialgeschichte in Deutschland. Entwicklungen und Perspektiven im internationalen Zusammenhang. Bd. 3: Soziales Verhalten und soziale Aktionsformen in der Geschichte. Göttingen 1987, 50–77.

337. A. Griessinger, Das symbolische Kapital der Ehre. Streikbewegungen und kollektives Bewußtsein deutscher Handwerksgesellen im 18. Jahrhundert. Frankfurt a. M. 1981.

338. A. Griessinger, Handwerkerstreiks in Deutschland während des 18. Jahrhunderts: Begriff – Organisationsformen – Ursachenkonstellationen, in: U. Engelhardt (Hrsg.), Handwerker in der Industrialisierung. Lage, Kultur und Politik vom späten 18. bis ins frühe 20. Jahrhundert. Stuttgart 1984, 407–434.

339. J. Hannig, Vom Eigensinn der Freiheitsbäume. Frühliberale Bewegung und Volkskultur zur Zeit des Hambacher Festes 1832, in: R. van Dülmen (Hrsg.). Arbeit, Frömmigkeit und Eigensinn. Frankfurt a. M. 1990, 171–213.

340. M. Henkel, Zunftmißbräuche. „Arbeiterbewegung" im Merkantilismus. Frankfurt a. M./New York 1989.

341. A. Herzig, Kinderarbeit in Deutschland in Manufaktur und Proto-Fabrik (1750–1850), in: AfS 23, 1983, 311–376.

342. A. Herzig, Unterschichtenprotest in Deutschland 1790–1870. Göttingen 1988.

343. A. Herzig, Die Reaktion der Unterschichten auf den technologischen Wandel der Proto- und Frühindustrialisierungsphase in Deutschland, in: AfS 28, 1988, 1–26.

344. V. Hunecke, Überlegungen zur Geschichte der Armut im vorindustriellen Europa, in: GG 9, 1983, 480–512.

345. H.-G. Husung, Protest und Repression im Vormärz. Norddeutschland zwischen Restauration und Revolution. Göttingen 1983.

346. W. Kaschuba, Vom Gesellenkampf zum sozialen Protest. Zur Erfahrungs- und Konfliktdisposition von Gesellen-Arbeitern in

den Vormärz- und Revolutionsjahren, in: U. ENGELHARDT (Hrsg.), Handwerker in der Industrialisierung. Lage, Kultur und Politik vom späten 18. bis ins frühe 20. Jahrhundert. Stuttgart 1984, 381–406.

347. J. KOCKA, Lohnarbeit und Klassenbildung. Arbeiter und Arbeiterbewegung in Deutschland 1800–1875. Berlin/Bonn 1983.

348. J. KOCKA, Traditionsbindung und Klassenbildung. Zum sozialhistorischen Ort der frühen deutschen Arbeiterbewegung, in: HZ 243, 1986, 333–376.

349. J. KOCKA, Weder Stand noch Klasse. Unterschichten in Deutschland um 1800. Bonn 1990.

350. J. KOCKA, Arbeitsverhältnisse und Arbeiterexistenzen. Grundlagen der Klassenbildung im 19. Jahrhundert. Bonn 1990.

351. P. KRIEDTE/H. MEDICK/J. SCHLUMBOHM, Industrialisierung vor der Industrialisierung. Gewerbliche Warenproduktion auf dem Land in der Formationsphase des Kapitalismus. 2. Aufl. Göttingen 1978.

352. C. KÜTHER, Menschen auf der Straße. Vagierende Unterschichten in Bayern, Franken und Schwaben in der zweiten Hälfte des 18. Jahrhunderts. Göttingen 1983.

353. D. LANGEWIESCHE, Republik, Konstitutionelle Monarchie und „soziale Frage". Grundprobleme der deutschen Revolution von 1848/49, in: HZ 230, 1980, 529–548.

354. M. LINDEMANN, Patriots and Paupers. Hamburg, 1712–1830. New York/Oxford 1990.

355. K.-J. MATZ, Pauperismus und Bevölkerung. Die gesetzlichen Ehebeschränkungen in den süddeutschen Staaten während des 19. Jahrhunderts. Stuttgart 1980.

355a. GUSTAV MAYER, Die Trennung der proletarischen von der bürgerlichen Demokratie in Deutschland (1863–1870). Leipzig 1911.

356. J. MOOSER, Gewalt und Verführung, Not und Getreidehandel. Ein Versuch über den politischen Zusammenhang von bürgerlicher Revolutionsrezeption, Reformen und Unterschichten in Deutschland 1789–1820, in: H. BERDING (Hrsg.), Soziale Unruhen in Deutschland während der Französischen Revolution. Göttingen 1988, 218–236.

357. J. MOOSER, Unterschichten in Deutschland 1770–1820, in: H. BERDING/E. FRANÇOIS/H.-P. ULLMANN (Hrsg.), Deutschland und Frankreich im Zeitalter der Französischen Revolution. Frankfurt a. M. 1989, 317–388.

358. H. REINALTER (Hrsg.), Demokratische und soziale Protestbewegungen in Mitteleuropa 1815–1848/49. Frankfurt a. M. 1986.

359. J. REULECKE, Sozialer Frieden durch soziale Reform. Der Centralverein für das Wohl der arbeitenden Klassen in der Frühindustrialisierung. Wuppertal 1983.

360. D. SAALFELD, Die sozioökonomischen Lebensbedingungen der Unterschichten Deutschlands im 19. Jahrhundert, in: K. H. KAUFHOLD/F. REIMANN (Hrsg.), Theorie und Empirie in der Wirtschaftspolitik. Fschr. f. Wilhelm Abel z. 80. Geb. Göttingen 1984, 189–215.

361. CHR. SACHSSE/F. TENNSTEDT, Geschichte der Armenfürsorge in Deutschland. Bd. 1: Vom Spätmittelalter bis zum 1. Weltkrieg. Stuttgart/Berlin/Köln/Mainz 1980.

362. G. SCHMIDT, Die frühneuzeitlichen Hungerrevolten. Soziale Konflikte und Wirtschaftspolitik im Alten Reich, in: ZHF 18, 1991, 257–280.

363. R. P. SIEFERLE, Bevölkerungswachstum und Naturhaushalt. Studien zur Naturtheorie der klassischen Ökonomie. Frankfurt a. M. 1990.

364. W. SIEMANN, Soziale Protestbewegungen in der deutschen Revolution von 1848/49, in: H. REINALTER, (Hrsg.), Demokratische und soziale Protestbewegungen in Mitteleuropa 1815–1848/49. Frankfurt a. M. 1986, 305–326.

365. E. P. THOMPSON, Die „moralische Ökonomie" der englischen Unterschichten im 18. Jahrhundert, in: DERS., Plebeische Kultur und moralische Ökonomie. Aufsätze zur englischen Sozialgeschichte des 18. und 19. Jahrhunderts. Hrsg. v. D. GROH. Frankfurt a. M./Berlin/Wien 1980, 67–130.

366. W. TROSSBACH, Soziale Bewegung und politische Erfahrung. Bäuerlicher Protest in hessischen Territorien 1648–1806. Weingarten 1987.

367. H. VOLKMANN, Kategorien des sozialen Protests im Vormärz, in: GG 3, 1977, 164–189.

368. R. WIRTZ, „Widersetzlichkeiten, Excesse, Tumulte und Skandale". Soziale Bewegung und gewalthafter sozialer Protest in Baden 1815–1840. Frankfurt a. M. 1981.

369. H.-J. ZERWAS, Arbeit als Besitz. Das ehrbare Handwerk zwischen Bruderliebe und Klassenkampf 1848. Reinbek bei Hamburg 1988.

370. H. ZWAHR, Die Konstituierung des Proletariats als Klasse. Strukturuntersuchungen über das Leipziger Proletariat während der industriellen Revolution. Berlin (DDR) 1978.

9. Die Rolle der Bildungsrevolution im gesellschaftlichen Wandel

371. J. C. ALBISETTI, Schooling German Girls and Women. Secondary and Higher Education in the Nineteenth Century. Princeton 1988.

372. E. N. ANDERSON, The Prussian Volksschule in the Nineteenth Century, in: G. A. RITTER (Hrsg.), Entstehung und Wandel der modernen Gesellschaft. Fschr. f. Hans Rosenberg zum 65. Geb. Berlin 1970, 261–279.

373. H.-J. APEL/M. KLÖCKER, Schulwirklichkeit in Rheinpreußen. Analysen und neue Dokumente zur Modernisierung des Bildungswesens in der ersten Hälfte des 19. Jahrhunderts. Köln/ Wien 1986.

374. H. BLANKERTZ, Bildung im Zeitalter der großen Industrie. Pädagogik, Schule und Berufsbildung im 19. Jahrhundert. Hannover 1969.

375. W. BLEEK, Von der Kameralausbildung zum Juristenprivileg. Studium, Prüfung und Ausbildung der höheren Beamten des allgemeinen Verwaltungsdienstes in Deutschland im 18. und 19. Jahrhundert. Berlin 1972.

376. W. K. BLESSING, Staat und Kirche in der Gesellschaft. Institutionelle Autorität und mentaler Wandel in Bayern während des 19. Jahrhunderts. Göttingen 1982.

377. J. D. COBB, The Forgotten Reforms: Non-Prussian Universities 1797–1817. Diss. Madison/Wisc. 1980.

378. G. DOHMEN, Bildung und Schule. Die Entstehung des deutschen Bildungsbegriffs und die Entwicklung seines Verhältnisses zur Schule. 2 Bde. Weinheim 1964/1965.

379. R. ENGELSING, Analphabetentum und Lektüre. Zur Sozialgeschichte des Lesens in Deutschland zwischen feudaler und industrieller Gesellschaft. Stuttgart 1973.

380. R. ENGELSING, Der Bürger als Leser. Lesergeschichte in Deutschland 1500–1800. Stuttgart 1974.

381. R. FIEDLER, Die klassische deutsche Bildungsidee. Ihre soziologischen Wurzeln und pädagogischen Folgen. Weinheim 1972.

382. H.-P. FREYTAG, Zur Problematik mittlerer Bildungsqualifikatio-

nen. Eine historische und bildungsökonomische Untersuchung. Weinheim 1969.

383. L. HAMMERMAYER, Geschichte der bayerischen Akademie der Wissenschaften 1759–1807. 2 Bde. München 1983.

384. M. HEINEMANN, Schule im Vorfeld der Verwaltung. Die Entwicklung der preußischen Unterrichtsverwaltung von 1771–1800. Göttingen 1974.

385. G. JÄGER, Schule und literarische Kultur. Bd. 1: Sozialgeschichte des deutschen Unterrichts an höheren Schulen von der Spätaufklärung bis zum Vormärz. Stuttgart 1981.

386. G. JÄGER/J. SCHÖNERT (Hrsg.), Die Leihbibliothek als Institution des literarischen Lebens im 18. und 19. Jahrhundert. Organisationsformen, Bestände und Publikum. Hamburg 1980.

387. K. H. JARAUSCH, Die neuhumanistische Universität und die bürgerliche Gesellschaft 1800–1870. Eine quantitative Untersuchung zur Sozialstruktur der Studentenschaften deutscher Universitäten, in: Darstellungen und Quellen zur Geschichte der deutschen Einheitsbewegung im 19. und 20. Jahrhundert 11, 1981, 11–58.

388. K.-E. JEISMANN, Das preußische Gymnasium in Staat und Gesellschaft. Die Entstehung des Gymnasiums als Schule des Staates und der Gebildeten, 1787–1817. Stuttgart 1974.

389. K.-E. JEISMANN, Friedrich der Große und das Bildungswesen im Staat des aufgeklärten Absolutismus, in: J. KUNISCH (Hrsg.), Analecta Fridericiana. Berlin 1987, 91–113.

390. K.-E. JEISMANN/P. LUNDGREEN (Hrsg.), Handbuch der deutschen Bildungsgeschichte. Bd. 3: 1800–1870. Von der Neuordnung Deutschlands bis zur Gründung des Deutschen Reiches. München 1987.

391. R. W. KECK, Geschichte der Mittleren Schule in Württemberg. Ihre Motivation und Entwicklung von der Reformation bis zur Gegenwart unter besonderer Berücksichtigung von Stuttgart und Ulm a. d. D. Diss. Saarbrücken 1966.

392. P. KOPPENHÖFER, Bildung und Auslese. Untersuchungen zur sozialen Herkunft der höheren Schüler Badens 1834/36–1890. Weinheim/Basel 1980.

393. M. KRAUL, Das deutsche Gymnasium 1780–1980. Frankfurt a. M. 1984.

394. M. KRAUL, Gymnasium und Gesellschaft im Vormärz. Neuhumanistische Einheitsschule, städtische Gesellschaft und soziale Herkunft der Schüler. Göttingen 1980.

395. P. LUNDGREEN, Die Eingliederung der Unterschichten in die bürgerliche Gesellschaft durch das Bildungswesen im 19. Jahrhundert, in: IASL 3, 1978, 87–107.

396. P. LUNDGREEN, Historische Bildungsforschung, in: R. RÜRUP (Hrsg.), Historische Sozialwissenschaft. Beiträge zur Einführung in die Forschungspraxis. Göttingen 1977, 96–125.

397. P. LUNDGREEN, Sozialgeschichte der deutschen Schule im Überblick. T. I: 1770–1918. Göttingen 1980.

398. P. LUNDGREEN/M. KRAUL/K. DITT, Bildungschancen und soziale Mobilität in der städtischen Gesellschaft des 19. Jahrhunderts. Göttingen 1988.

399. M. J. MAYNES, Schooling for the People. Comparative Local Studies of Schooling History in France and Germany, 1750–1850. New York/London 1986.

400. C. E. McLELLAND, State, Society, and University in Germany 1700–1914. Cambridge/London/New York 1980.

401. J. V. H. MELTON, Absolutism and the Eighteenth-Century Origins of Compulsory Schooling in Prussia and Austria. Cambridge/New York/New Rochelle 1988.

402. C. MENZE, Die Bildungsreform Wilhelm von Humboldts. Hannover 1975.

403. H. MICHALSKY, Bildungspolitik und Bildungsreform in Preußen. Die Bedeutung des Unterrichtswesens als Faktor sozialen und politischen Wandels beim Übergang von der ständischen zur bürgerlich-liberalen Gesellschaft. Weinheim 1978.

404. D. K. MÜLLER, Sozialstruktur und Schulsystem. Aspekte zum Strukturwandel des Schulwesens im 19. Jahrhundert. Göttingen 1977.

405. D. K. MÜLLER/B. ZYMEK, Sozialgeschichte und Statistik des Schulsystems in den Staaten des Deutschen Reiches, 1800–1945. Göttingen 1987.

406. R. A. MÜLLER, Akademische Ausbildung zwischen Staat und Kirche. Das bayerische Lyzealwesen 1773–1849. T. 1: Darstellung. T. 2: Quellen. Paderborn/München/Wien/Zürich 1986.

407. W. NEUGEBAUER, Absolutistischer Staat und Schulwirklichkeit in Brandenburg-Preußen. Berlin/New York 1985.

408. H. NEUMANN, Der Bücherbesitz der Tübinger Bürger von 1750–1850. Ein Beitrag zur Bildungsgeschichte des Kleinbürgertums. München 1978. (Diss. Tübingen 1955.)

409. T. NIPPERDEY, Volksschule und Revolution im Vormärz. Eine Fallstudie zur Modernisierung, in: DERS., Gesellschaft, Kultur,

Theorie. Gesammelte Aufsätze zur neueren Geschichte. Göttingen 1976, 106–227.

410. L. O'BOYLE, Klassische Bildung und soziale Struktur in Deutschland zwischen 1800 und 1848, in: HZ 207, 1968, 584–608.

411. F. PAULSEN, Geschichte des gelehrten Unterrichts auf den deutschen Schulen und Universitäten vom Ausgang des Mittelalters bis zur Gegenwart. Mit besonderer Rücksicht auf den klassischen Unterricht. 2 Bde. Hrsg. v. R. LEHMANN. 3., erw. Aufl. Berlin/Leipzig 1919–1921. ND Berlin 1965.

412. F. K. RINGER, Bildung, Wirtschaft und Gesellschaft in Deutschland 1800–1960, in: GG 6, 1980, 5–35.

413. F. K. RINGER, Education and Society in Modern Europe. Bloomington/London 1979.

414. H. ROMBERG, Staat und Höhere Schule. Ein Beitrag zur deutschen Bildungsverfassung vom Anfang des 19. Jahrhunderts bis zum 1. Weltkrieg. Weinheim/Basel 1979.

415. R. SCHENDA, Volk ohne Buch. Studien zur Sozialgeschichte der populären Lesestoffe 1770–1910. Frankfurt a. M. 1970.

416. H. SCHMITT, Schulreform im aufgeklärten Absolutismus. Leistungen, Widersprüche und Grenzen philanthropischer Reformpraxis im Herzogtum Braunschweig-Wolfenbüttel 1785–1790. Weinheim/Basel 1979.

417. F. SCHNABEL, Die Anfänge des technischen Hochschulwesens, in: Fschr. anläßlich des 100jährigen Bestehens der Technischen Hochschule Fridericiana zu Karlsruhe. Karlsruhe 1925, 1–44.

418. W. SPEITKAMP, Staat und Bildung in Deutschland unter dem Einfluß der Französischen Revolution, in: HZ 250, 1990, 549–578.

419. E. SPRANGER, Wilhelm von Humboldt und die Reform des deutschen Bildungswesens (1910). 3. Aufl. Tübingen 1965.

420. H.-G. THIEN, Schule, Staat und Lehrerschaft. Zur historischen Genese der bürgerlichen Erziehung in Deutschland und England (1790–1918). Frankfurt a. M./New York 1984.

421. H. TITZE, Das Hochschulstudium in Preußen und Deutschland 1820–1944. Göttingen 1987.

422. R. VIERHAUS, Art. Bildung, in: O. BRUNNER/W. CONZE/R. KOSELLECK (Hrsg.), Geschichtliche Grundbegriffe. Historisches Lexikon zur politisch-sozialen Sprache in Deutschland. Bd. 1. Stuttgart 1972, 508–551.

423. O. VOSSLER, Humboldts Idee der Universität, in: HZ 178, 1954, 251–268.

424. H. WEIL, Die Entstehung des deutschen Bildungsprinzips (1930). 2. Aufl. Bonn 1967.

425. J. ZINNECKER, Sozialgeschichte der Mädchenbildung. Zur Kritik der Schulerziehung von Mädchen im bürgerlichen Patriarchalismus. Weinheim/Basel 1973.

Personenregister

Abel, W. 42, 87, 91 f.
Agethen, M. 69
Apel, H.-J. 99
Aretin, K. O. von 71–74
Aristoteles 24–26, 61, 64
Arndt, E. M. 61
Arneke, C. 82
Aubin, H. 88
Ayçoberry, P. 84

Balázs, E. H. 69
Bátori, I. 84
Batscha, Z. 65
Becher, U. A. J. 68
Bendix, R. 52
Berdahl, R. M. 83
Berding, H. 72–78, 94 f.
Bircher, M. 69
Birtsch, G. 59
Bismarck, O. von 40
Blankertz, H. 102
Blessing, W. K. 91, 102
Blickle, P. 55 f., 60, 94
Boch, R. 97
Bödecker, H. E. 85
Böhm, St. 65
Boldt, W. 70
Borkenau, F. 63
Bosl, K. 57
Botzenhart, M. 75
Braun, R. 81
Buhr, M. 73

Carsten, F. L. 83
Constant, B. 31
Conze, W. 91

D'Alembert, J.-B. 13
Dann, O. 60, 69 f.
Demel, W. 75 f., 82 f.

Diderot, D. 13
Diederiks, H. 84
Dipper, C. 78, 87, 89
Ditt, K. 101
Dotzauer, W. 69
Duby, G. 55
Düding, D. 70
Dülmen, R. von 53–55, 57, 68 f.
Dufraisse, R. 77

Elkar, R. S. 103
Engelhardt, U. 103
Engels, F. 90

Faber, K.-G. 81
Fehrenbach, E. 53 f., 74–79
Fichte, J. G. 61 f., 98
Fischer, M. W. 69
Fischer, W. 77, 91
Fleck, P. 78
Flora, P. 52
Foerster, C. 70
François, E. 71, 85
Franz, E. G. 75
Franz, G. 88
Frevert, U. 85
Freytag, H.-P. 102
Friedrich II., der Große, König von
    Preußen 10, 13
Friedrichs, C. R. 84

Gagliardo, J. G. 89
Gailus, M. 92, 95 f.
Gall, L. 65 f., 77, 84 f.
Garber, J. 65
Gebhardt, H. 70
Geertz, C. 94
Geissel, J. 11
Gerth, H. H. 100, 102
Gierke, O. von 67

Meschke, W. 62
Metternich, K. W. L. N., Fürst von 35
Meyer, J. 82
Michalsky, H. 99
Mieck, I. 58
Möckl, K. 78, 83
Möller, H. 59, 68f., 71
Möllney, U. 74
Mohl, R. von 27
Moll, G. 87
Montgelas, M. J. Graf von 35
Mooser, J. 78, 87–93
Müller, D. K. 100f.
Müller, F. 67
Müller, J. 77, 86
Müller, K. 69
Müller, R. A. 100
Müller, W. 72
Münch, P. 58
Murat, J., Großherzog von Berg 21
Murhard, Fr. 27

Napoleon I. Bonaparte, Kaiser der Franzosen 18, 20–22, 35
Nicolini, I. 84
Niebuhr, B. G. 75
Nipperdey, T. 68, 70, 79, 98, 102
Nolte, P. 66

O'Boyle, L. 79, 99
Oestreich, G. 56
Oexle, O. G. 55, 58
Otto, K. F. 69

Paschen, J. 70
Paulsen, F. 99
Pedlow, G. W. 82
Pierenkemper, T. 78
Pocock, J. G. A. 65
Prange, W. 87
Preradovich, N. von 83
Press, V. 56, 73, 81
Pütter, J. S. 7

Radowitz, J. M. von 90
Raumer, K. von 79
Reden-Dohna, A. 76
Reichardt, R. 71–74, 95
Reif, H. 76, 82f.

Reinalter, H. 69, 94
Reitzenstein, S. Freiherr von 74
Riedel, M. 61
Ringer, F. K. 101
Ritter, G. A. 81
Rosenberg, H. 80, 82
Rotteck, K. von 27, 39f., 67
Rousseau, J. J. 23f., 27, 98

Saalfeld, D. 7, 55, 57, 88f.
Sachsse, C. 93
Sauer, (E.?) 75
Schiller, F. 34
Schilling, H. 54, 84
Schindler, N. 69
Schissler, H. 77f.
Schleiermacher, F. D. E 98
Schlobach, J. 72
Schlumbohm, J. 60f., 92
Schmoller, G. 80
Schnabel, F. 74
Schneider, K. H. 87, 89
Schramm, P. E. 84
Schultz, H. 84
Schulz, A. 75f., 79f.
Schulz, G. 62
Schulze, W. 54, 56–60
Schumpeter, J. A. 82
Schwieger, K. 85
Sedatis, H. 66
Seeber, G. 63
Sennett, R. 68
Shanin, T. 88
Sieferle, R. P. 93, 97
Siegrist, H. 103
Siemann, W. 96
Simmel, G. 67
Smith, A. 12, 24f., 32, 59
Solf, H.-H. 69
Sombart, W. 63
Sorokin, A. 58
Speitkamp, W. 78, 100
Speth, H. 84
Spranger, E. 99
Staudinger, H. 68
Stein, H. F. K. Freiherr vom und zum 77
Stein, L. von 67
Stoll, C. 69
Stone, L. 82

Sachregister

Enzyklopädie deutscher Geschichte

Themen und Autoren

Mittelalter

Frühe Neuzeit

19. und 20. Jahrhundert

Juden und jüdische Gemeinschaften in Deutschland 1780–1918 / Shulamit
Volkov
Geschichte des deutschen Judentums 1914–1945 / Moshe Zimmermann

Vorgeschichte, Verlauf und Charakter der deutschen industriellen   Wirtschaft
Revolution / Hans-Werner Hahn
Die Entwicklung der Wirtschaft im 20. Jahrhundert /
Wilfried Feldenkirchen
Agrarwirtschaft und ländliche Gesellschaft
im 19. Jahrhundert / Hartmut Harnisch
Gewerbe und Industrie im 19. und 20. Jahrhundert / Toni Pierenkemper
Handel und Verkehr im 19. Jahrhundert / Karl Heinrich Kaufhold
Handel und Verkehr im 20. Jahrhundert / Horst A. Wessel
Banken und Versicherungen im 19. und 20. Jahrhundert / Eckhard Wandel
Staat und Wirtschaft im 19. Jahrhundert (bis 1914) / Rudolf Boch
Staat und Wirtschaft im 20. Jahrhundert / Gerold Ambrosius

Kultur, Bildung und Wissenschaft im 19. Jahrhundert / Rüdiger vom Bruch   Kultur, Alltag,
Kultur, Bildung und Wissenschaft im 20. Jahrhundert / Horst Möller   Mentalitäten
Lebenswelt und Kultur des Bürgertums im 19. und 20. Jahrhundert /
Dieter Langewiesche
Lebenswelt und Kultur der unterbürgerlichen Schichten im
19. und 20. Jahrhundert / Wolfgang Kaschuba

Formen der Frömmigkeit in einer säkularisierten Gesellschaft /   Religion und
Werner K. Blessing   Kirche
Kirche, Politik und Gesellschaft im 19. und 20. Jahrhundert /
Gerhard Besier

Der Deutsche Bund und das politische System der Restauration 1815–1866 /   Politik, Staat,
Wolfram Siemann   Verfassung
Verfassungsstaat und Nationsbildung 1815–1871 / Elisabeth Fehrenbach
Die innere Entwicklung des Kaiserreichs / Hans-Peter Ullmann
Die innere Entwicklung der Weimarer Republik / Peter Steinbach
Das nationalsozialistische Herrschaftssystem / Ulrich v. Hehl
Die Bundesrepublik. Verfassung, Parlament und Parteien / Adolf M. Birke
Die Innenpolitik der Deutschen Demokratischen Republik /
Günther Heydemann

Die deutsche Frage und das europäische Staatensystem 1815–1871 /   Staatensystem,
Anselm Doering-Manteuffel   internationale
Deutsche Außenpolitik 1871–1918 / Klaus Hildebrand   Beziehungen
Die Außenpolitik der Weimarer Republik / Franz Knipping
Die Außenpolitik des Dritten Reiches / Marie-Luise Recker
Die Außenpolitik der Bundesrepublik Deutschland / Gregor Schöllgen
Die Außenpolitik der Deutschen Demokratischen Republik /
Alexander Fischer

(Stand: Februar 1993)